ネット右翼になった父

鈴木大介

講談社現代新書

2691

目次

第三章　検証

第四章　証言

第五章　追想

第六章　邂逅 ―― 215

序章

令和元年（２０１９）、改元の４日後に僕の父はこの世を去った。

緩和病棟のベッドの上、「ひゅっ」と驚いたように勢いよく息を吸っては、静かに息を吐き切ると、その後には呼吸を忘れてしまったかのように息を吐いたままの状態で長時間の静寂。これが最期の呼吸なのかと思うと、再び驚いたように息を深く吸って、また長時間の静寂を繰り返す、静かで間欠的な呼吸。

「死戦期呼吸」は、以前受講した救急救命士講習で習った通りだった。

どれほどの間、この呼吸を繰り返したろう。ついには静寂のまま、父は息を吸わなくなった。その最期の一息を、母と姉と、骨と皮だけになってしまった父の手を握りながら看取った。

あともう一息あるのか、ないのか。静まり返った深夜の病室で、先ほどの一息が最期の最期だったと悟ったのだろう。

「もう終わりなの？　ねえ、これでもう、終わりなの？」

母は何度か父に問いかけると、

「本当によく頑張ったね。本当に本当に、えらかった。お父さん、よく頑張ったね。

ありがとうね。ありがとうね」

そう言って歯を食いしばり、大粒の涙を亡骸《なきがら》を包む白い布団に落としながら、肩を大きく震わせた。

確かに父は、病と闘い切った。末期がんと抗がん剤の副作用は容赦なく父を燃やし尽くし、乾き切り肉の落ち切ったその顔には元気だった頃の面影はほとんどない。にもかかわらず、ここに至る日々で父の口からは「つらい」の言葉も「苦しい」の言葉も、ひとことも発せられなかった。

もしかしたら、少しは「つらい、痛い」等と言ってくれた方が母も父自身も救われたかもしれないが、「従容《しょうよう》として逝きたい」とは、末期がんの宣告を受けた日の帰り道、父が僕の運転する車の助手席で言った言葉。その言葉通り、父は父なりの美学を通し、寡黙に戦い切った。

母の嗚咽《おえつ》を引き継ぐように、姉の慟哭《どうこく》が病室に響く。

そんな中、僕は父のまだ温かい手を握り続けながら、どんな言葉もどんな反応も出せずに、ただただベッドの手すりに額を押し付けて、自らの感情が動くのを待った。けれど、どうしたことだろう。しばらくしても僕の心は真っ黒で、全く波打たないのだ。

無理に何かに例えるなら、それは地底湖の水面のようで、僕の心は波ひとつなく静まり返っていた。

悲しみ、喪失感、本来自分の父親が死んだときに起きるであろう、あらゆる情動が起きないことに、握り返すことのない父の手を握りながら、僕は深々としたため息を何度もついた。

微動だにしない情緒の深いところで、しかし思考は渦巻いていた。

それは「父をこのように送り出して、本当にこれでよかったのか?」という、答えの出ない自問自答だ。

僕はこの父と、本音で腹を割って話したことがない。怒ったり喧嘩をしたり、心を開いて感情のままにコミュニケーションしたことがない。それは僕自身が、幼い頃に刷り込まれた父への畏れを乗り越えることなく、この歳まで生きてしまったせいでもある。いや、むしろ父を看取るまでの数年は、父の言葉から「絶対に相容れない価値観」を感じたことで、僕は一層自らの心を閉ざしてしまっていた。

老い先短い父のためというより、それを見送らねばならない母のために、僕は父に心を閉ざし続けた。もう幾ばくもない家族の時間を、父と本音で対峙したら必ず起こるであろう言い争いや険悪な雰囲気で、壊してしまいたくないと思ったからだ。

けれど、本当にそれでよかったのか。

結局こうして最期の瞬間まで、僕は父と語らうことなく、ひとことも本音を告げることができないままに、父を見送ってしまった。本当に、本当に、これでよかったのだろうか？

答えの出ない問いが渦巻く中、看護師に促されて息をしなくなった父の手をようやく放しても、僕の心は全く波打つことなく、ただただ静まり返っていた。


人ひとり死んだというのに、物事はこれほど淡々と事務的に動くものなのだろうか。「予約」をしていた葬儀場への連絡や段取りの打ち合わせを済ませると、音楽を何より愛した父が好んでいた楽曲から、焼香中に流すものを姉が選んでくれた。生前の父が熱心にかかわっていた地域活動や父自身が立ち上げた料理同好会、大学の同窓会等々は、キーとなる人物に母が連絡すると、その先はそれぞれのネットワークであっという間におおよその参列者数を出してくれる。

華美を嫌いお定まりのスタイルに従うことを嫌った父の遺志を尊重し、地域の友人が歩きでも来られる小さな葬祭場での無宗教葬を選んだが、予想に反して160人もの方が足を運んでくださった。見る影もなく燃え尽きた父の顔に、参列者たちが息を飲むのがわかったが、そんな中でも驚くほど気丈な母は、朗々と通る声で喪主挨拶を務めた。

あまりにも淀みなく父とこの世との別れが準備され、粛々と進められていく。

それでも微動だにしなかった僕の情緒にやっと感情の大波が到達したのは、火葬場に移動して親族相手に父の末期のあらましを話し、茶毘《だび》に付した父の骨上げに向かう途上だった。遺影を胸の前にして、並んで歩く母に「燃えちゃったね」と言おうとしたとたんに、発作のような嗚咽に襲われたのだ。

父の肉体は燃やされ、形としてはもう存在しなくなった。もう、二度と父を目にすることはない。目の前に突き付けられたその事実が、僕の感情を大きく揺さぶり、人生でかつて経験したことのないほどの激しい嗚咽となって溢れ出た。

「ようやく泣けたね」

姉の声に背中を支えられ、妻と向き合って震える手で骨上げをしても、その嗚咽は収まらない。悲しみではない。後悔でも喪失感でもない、ただただ情動が大揺れに揺れる中、傍らで目を涙で一杯にしている母に言った。

「どうしても好きになれなかった。全然、好きになれたことがなかった。けど、大事な人だった」

好きにはなれなかったけれど大事な人。矛盾しているようだけど、ようやく胸の中で形を成した、偽りのない僕の気持ちだった。もちろん、今まさに伴侶の骨を拾ったばかりの母に言う言葉ではない。けれど、「そうかそうか」と囁《ささや》くように言うと、母は50年連れ添った夫を見送った妻の顔から母親の顔に戻り、嗚咽収まらぬ僕の背に温かい手を当てた。

ただただ、そんな母に、申し訳ないと思った。

よほど放心して見えたのだろう。傍らの妻が、僕の手に爪を食い込ませるようにして、強く強く握ってくれた。その後、数日の記憶は、かなり散漫である。

けれど、あの息をしなくなった父を前に思った「本当に、本当に、これでよかったのだろうか?」という問い。あの自問自答が、まさかその後、延々2年半以上にわたって絶えず自分の中で反響し続けることになろうとは、そのときの僕は思ってもいなかった。

第一章　分断

父の死から2ヵ月後の寄稿

左記は、父を看取ってまだ2ヵ月の2019年7月25日、Webメディアである「デイリー新潮」に寄稿したものである。

＊＊＊

亡き父は晩年なぜ「ネット右翼」になってしまったのか

元号が変わって間もなく、父がこの世を去った。77歳。ステージ4の肺腺がんと告知されてから3年頑張ったが、どうしても口から飲み食いできなくなると、急速に痩せ衰えて逝ってしまった。

けれど、あまりにもすんなりと日常生活に戻れてしまう、映画や小説の中の「息子」のように父の死を哀しめない自分がいる。そんな自分に対して人として何か欠けたものをモヤモヤ感じつつ二度目の月命日を迎えた頃、わだかまりの輪郭がくっきりと浮き彫りになってきた。

晩節の父は、どうしてネット右翼的な思想に染まってしまったのだろうか？

遺品ＰＣに残された多数の右傾コンテンツ

遺品整理として父のノートパソコンの中を覗くのは、大きな心理的苦痛を伴う。ブラウザのブックマークを埋める、嫌韓嫌中のコンテンツ。偏向を通り越してまず「トンデモ」レベルな保守系まとめサイトの数々。生前の父は立ち歩けなくなる直前まで地域福祉や住民のネットワーク作りに奔走していたが、デスクトップにはそうした業務のファイルに交じって、ファイル名そのものが「嫌韓」とされたExcelデータがあり、中身はYouTubeのテキスト動画リストだった。

はじめは、あれ？という違和感程度だったように思う。末期がんの告知を受けた後、それまでは年に一度二度帰る程度だった実家に毎月顔を出して、月に一度の診断に車を出して同行するようになった。

久々に帰った実家で、几帳面に整理された父の書斎のデスクや枕元に何げなく置かれた「正論」「WiLL」などの右傾雑誌の数々。その頃は、相変わらず知的好奇心の幅が広い男だなと思った程度だったのだ。

父はとにかく多方面に好奇心を示す人物だったし、退職しても即座に語学留学で長らく中国に滞在するような向学心の塊だったからだが、そこから毎月顔を合わせるようになると、毎回のように僕は父の小さな言葉に傷つけられることになった。

病院に少し声の大きな集団や服装に違和感のある人々がいると、「あれは中国人だな」とつぶやく。「最近はどこに行っても三国人ばっかりだ」と、誰に向かうでもなく言う。「火病《ファビョ》ってるなんて言うだろ。なんでも被害者感情に結びつけるのは心の病気だな」

中韓に向けての露骨な批判を口にする父に、言葉を失った。火病ってるなんて言葉を使う時点でどんなコンテンツに触れているかがわかるし、あたかもそれが誰にでも通じる共通言語かのように語る時点で、閉鎖的なコミュニティの中で父が常識を失っていることを感じた。

排外思想だけではなく、話題そのものが保守系まとめサイトのタイトルに出てきそうなワードで始まるようにもなった。

テレビを見ながら、リベラル政党の女性議員に投げかけられる口汚い言葉は、「SAPIO」あたりの言説をコピーしたかのようだった。言葉の端々に「女だてらに」「しょせん女の脳は」とくるたびに、血圧が上がりそうになる。

「シングルマザーが増えたって言うけど、それは安易に結婚して安易に離婚する女が増えただけだろう」

「自己責任がなくなって国がすべての責任を背負えばこの国は滅ぶな」

「ブラック企業がどうとか通勤がつらくて働きに行けないというのは甘えだな。僕らの世代で片道2時間半は当たり前だった」

今春。いよいよ痩せ衰えた父を病院に送る車の車窓から、黄色い花が見事に咲き誇るのが見えた。

「お、チョウセンレンギョウ咲いた。あれうちの玄関にも植えたよ」

来年の開花時期には父は生きていないだろう。そんな気持ちを胸に僕が言うと、助手席の父は「チョウセンはつけなくてもいい」と返した。

そうした父の言葉のすべてを、僕は黙ってスルーした。

ちなみに僕の実家には、母が買ってきた僕の著作がすべて揃っている。

テーマはほとんどが、女性や若者と子どもの貧困問題。蔓延《まんえん》する自己責任論を払拭したい、見えないところで苦しんでいる声もない人々の言葉を代弁したい、そんな願いを込めて書いた書籍が並ぶ本棚のある実家のリビングで、父は偏向発言をつぶやき続けた。

ベッドから起き上がって身体を縦にしていることが難しくなっても、枕元のノートパソコンから垂れ流されるのは、YouTubeのテキスト動画。薄暗い部屋の中、どこぞのブログやまとめサイトからペーストされたヘイトなテキストが平坦な音声で読み上げられる中、小さな寝息を立てる父の寝室は、ホラー映画のワンシーンみたいだった。

そんな父に対し、最後の最後まで心を開かず、本音を自己開示しなかったのは、可愛げのある息子にはどうしてもなれなかった僕にできる、それが最後の親孝行だと思ったからだ。

高度成長期を駆け抜けた昭和の会社員

晩節の父は、がんと同時にヘイト思想の猛毒に侵されていた。けれど、かつての父は、世の中のあらゆる知識を求めるような、フラットな感覚の持ち主だったはずだ。子ども時代に我が家にあったジャンルを選ばぬ蔵書は、僕をいまの仕事に導いた大きな要因でもある。小学生から有吉佐和子の『複合汚染』やレイチェル・カーソンの『沈黙の春』を読みふけることができ、「現代用語の基礎知識」や「イミダス」が当たり前のように毎年買ってあった。「わからないことをそのままにしない」「多くの人が言う『当たり前』を鵜呑みにしない」の家訓は、今も僕の芯を貫く根幹だ。

父のことを好きではなかったが、高潔さと愉快さを兼ね備えた思慮深い人物だったとは思っている。ならばなおさら、どうしてそんなにも父は偏向してしまったのだろうか。

父の死をあまり哀しめない中、心の隅で考え続けた。

父は戦中生まれで、農村への疎開を経て終戦後は名古屋の戦災復興住宅に暮らした。押し入れの奥が土壁で、穴から向こう側が覗けたらしい。だが誰もが貧しい中、玄関先を訪れる飢えた戦災孤児にたびたび施しをする祖母は、父にとって誇りだったという。小さな頃は、とにかく腹いっぱいになった記憶がなく、父とその兄が歩いた後にはカエルが一匹も残らなかったと笑っていた。

母とは大学時代に知り合い、それなりに熱烈な恋愛結婚をして、トイレや炊事場も共同のアパートから2人暮らしを始めた。月末に金がなくなるたびに母の実家に転がり込んだという。

高度成長期を会社員として駆け抜け、昭和の歌に出てきそうな花壇のある小さな平屋を一軒建て、それを上手に転がして新興住宅地に綺麗な注文住宅を建てた。自家用車は小さなスバルが社用車の払い下げのコロナになり、クレスタから3ナンバーのプリメーラになった。

典型的な昭和の会社員像だろう。単身赴任が多くてほとんど家庭には不在なるも、博打はせず女遊びもなく酒は好きだが深酒はせず、母にも僕ら子どもにも経済的な不安を感じさせることがなかった。

「徹底的に性格や生き方が合わない」という理由で僕は早々に家を飛び出て勝手に貧乏のどん底に落ち込んだ時期もあったが、それは父とは別の話だ。

確かに僕との相性は良くなかった。けれど、もともとの父のパーソナリティがそれほど毒々しいものであったとは、とても思えないのだ。

古き良き美しいニッポンに対する喪失感

父がこの世を去って、昔の父を思い出した。そしてそのことで、ようやく彼の気持ちに思いを馳せることが出来たように思う。

ああ、たぶんこれだろう。

父の中には、間違いなく大きな喪失感があったと思うのだ。父が喪失したように感じていたのは彼が子どもの頃に過ごしていた、若き日に見ていた「古き良きニッポン」だ。

シンプルで、みんながちょっとずつ助け合わなくてはやっていけないぐらいにみんなちょっと貧しくて、たまに食べる外食のラーメンがとても贅沢で、仕事のあとに会社の仲間たちと飲む瓶ビールがとても冷えていて、頑張れば頑張っただけきちんとお給料に反映されていた、そんなニッポンを父は愛し、常に懐かしんでいた。

父と母の住む実家は千葉県内の典型的なベッドタウンだが、毎月父を助手席に乗せて病院に向かう道は、ちょっとバイパス道を外れると車がすれ違うこともできない畦《あぜ》道《みち》や森林の中に迷い込む。

「ガンが増悪しています」の言葉を主治医から聞くか聞かないか、毎月胃の痛くなるような検査発表の帰り道、父は敢えてそんな小道を走ることを望んだ。

市街化されていない村落の中で祭られている小さな神社や、思いがけず現れる立派な寺院で車を停めて、季節の草花を見たり、苔むした石碑の碑文に指を這わせるのだ。

同じように父は東京の路地裏や、小さな飲み屋を愛した。そして同じ空気の流れる台湾の屋台や昆明の夜市もまた愛していた。こうした旅先や、父が青春時代を過ごした目黒区内の地理を話すとき、父はとても饒舌になる。かつて住んでいた友達、かつて通った店、今はない景色、自転車で走り回った道のことを語る父。

そんなとき、痩せて尖っていく父の肩に、忌むべきヘイトジジイの影はなかった。村落の風景から子ども時代に過ごした名古屋の疎開先を、そして転勤の多かった祖父に連れられて過ごしたあちこちの地方の景色を、かつての東京の街を思い起こしていたのだろうと思う。

その喪失感というか慕情のようなものは、僕にも少し理解のできる感情だ。僕自身は１９７３年生まれだから、バブル経済突入前の日本の記憶がある。母も父も実家は都心だったから、東京に子ども時代の景色がないことを、寂しく思うことがあるのだ。薄暗い夜の道、水たまりのある隘路や、赤ちょうちんから漂う焼き鳥の香り。古いゲームセンターのドアを開けた途端に身体を包むクーラーの冷気と煙草の煙とＰＳＧ音源。不謹慎ながら、東日本大震災後の計画節電で東京都内が薄暗くなったときは、心底ホッとしたものだ。

もちろん、父が慕情を寄せていた景色と僕の思うものはまた違うだろう。そうしたシンプルだった時代の日本には、人権を認められず差別の対象になってきた多くの社会的弱者の涙があって、未発達な医療が救えなかった小さな命もあって、それこそ人口の半分である女性が自分の人生に自己決定権を持てなかった時代でもある。そんなことを考えると、どっかの為政者が言ってる「美しいニッポン」なんて絶対なかったし、幻想に過ぎないと断言したくなる。

けれども、父の中では、古き良き美しいニッポンに対する慕情や喪失感は確実にあったのだ。

その気持ちに思い至って、ようやく腑に落ちた。

偏向言説者に変節したのちの父の中では、その美しかったニッポンに対する喪失感が、「それは何者かによって奪われた」「何かによって変えられてしまった」という被害者感情に置き換えられていた。その被害者感情こそが、以前の父からは感じられなかったものだったと気づいたとき、僕の中に「父は何者かに利用され、変えられたのだ」という答えが浮き彫りになってきた。

父は、その胸に抱えていた喪失感を、ビジネスに利用されたのだ。父の歴史を喰い荒らしてくれた輩がいたのだ。

冷え冷えとしていた心の中に、猛然と怒りの感情が込み上げてきた。

それでも「情報に触れていたかった」

出版物にせよWeb上のものにせよ、ヘイトな右傾コンテンツの根本は、今や思想というより「商業」になっている。それは基本、金儲けの手段だ。

商業的に瀕死状態にある紙媒体が、「最も紙媒体を消費し、最も金を持つ層」として高齢男性をターゲットにするのはマーケティング的には全く正しいこと。その層に響くコンテンツとして健康情報や「どのように死ぬか」と同列に「右傾コンテンツ」があるのも、やはりマーケットとして有望だからだ。

売ることを優先した右傾コンテンツには容赦がない。古くからある保守言論本ならまだしも、粗製乱造されたネット右翼本はエビデンスに乏しく、「あなたたちが懐かしく思っている美しいニッポンが失われたのは、戦後のＧＨＱ統治下で〝作られた憲法〟や、中韓による〝歴史の改変〟のせいである！　ニッポンは失われたのではなく〝奪われ捻《ね》じ曲げられた〟のだ！」といった論調で読者の喪失感を被害者感情に昇華することで、大きなマーケットを生んできた。

「どうしてこんな事になってしまったのだろう」と喪失感に沈むことより、視野に明確な敵の像を結んで被害者意識をぶちまけさせたほうが、人の快楽原則には忠実だからだ。

父の偏向も、入り口はそんな出版物だったのだろう。けれども長引いた抗がん剤治療で徐々に衰えていく中、枕元の本は「正論」や「諸君！」から「WiLL」や「月刊Hanada」といった読みやすく過激なものへと移り、ついに父からはそうした出版物を買いに行く体力も、その活字を読み切る精神的体力すらも奪われていったようだった。

買いに行かなくても手に入るのが、ネットのコンテンツ。そして文字を読まなくても音声で読み上げてくれるテキスト動画。衰弱するほどに、父の触れるコンテンツは粗悪なものに偏り、その衰弱の経緯は父のパソコンの中に刻まれている。

父のブラウザのお気に入りは、古いものでは代表的右傾コンテンツである「チャンネル桜」の動画などが多かったが、末期に閲覧が多かったのは主にヘイトなテキスト動画だった。

言わずもがな、再生回数を収益根拠とするそれは「営利配信物」。最近は内容がオカルト・フェイクすぎてYouTube側から収益無効化の対象にされるほどの卑俗なコンテンツだが、もう父はそれを聞き流し関連動画を巡るだけで、そのファクトを調べる力すら残されていなかったのだろう。

体力と共に認知や思考力が失われていく中、その醜い言説が父を蝕《むしば》んでいった。

それでも、それほどまでに弱っても、そんなに卑俗な内容のものであっても「情報に触れていたかった」。そんな父の知的モチベーションは確かにかつての父そのものだ。けれども、あの僕を傷つけ続けてきた偏向発言が、そうして衰える父を食い物にしたコンテンツの余波だと考えたら、僕の中にも少々抑え難い感情が湧き上がってくる。

父と僕に本音を語りあう機会は、何をしても訪れなかったかもしれない。だとしても、せめて互いに共通する心情を分かち合うだけのゆとりが欲しかった。だが無念にも、毎月の通院付き添いという、なんとか作りだした父との時間は、こうした劣悪極まるコンテンツによって、醜く汚されてしまった。

その時間はもう、取り返しがつかない。

特に僕らの世代では、父と子の間の自然な距離感はなかなか望みづらいと聞く。企業戦士は家庭に不在でも許された時代、僕自身もほぼ母子家庭育ちのような認識がある。そんな距離感のある父親が「正月に実家に帰ったらネトウヨ化してました」というのは、ひとつ定番の経験になりつつあるだろう。

そうした父らの背景には何があるのか。老いたる者が共通して抱える喪失感を巧みに利用するコンテンツや、認知と思考の衰えにつけ入る安易で卑俗な言説。そうしたものによって先鋭化されたイデオロギーが父と僕を分断したならば、父も、そして息子の僕も、そんな下賤な銭稼ぎの被害者だったのかもしれない。

貪欲な向学心を持ち、時代の波にそれなりに揉まれ、10年ぐらい同じセーターを着続けてご立派なコース料理よりラーメンと餃子を選んだ、どこにでもいるオヤジだった父を想う。

こんな形で彼を失ったことを、息子は今、初めて哀しく悔しく感じている。

梅雨が明けるタイミングで納骨だ。墓石に語りかけたい言葉が、徐々に頭の中でまとまってきた。

＊＊＊

「家族の右傾化と分断」は現代の普遍的な現象

冒頭に書いたように、この寄稿は父を看取って、まだ2ヵ月の時期に書いたもの。これが父の末期に、僕が結局心を開かずに送り出してしまった経緯のあらましである。

寄稿に書いたように父は企業戦士で帰宅は常に遅かったし、単身赴任もずいぶんあった。一方で、僕自身も18歳で実家を出る以前からバイト先の事務所や交際相手の実家などから学校に通うことが多い親不孝者だった。だからこそ一層、毎月一度の外来通院に付き添った3年の日々は、父と僕の間に残された貴重な時間だったはずだ。

けれどその最後のときに、僕は父の口から出る特定のヘイトワードがしんどくてしんどくて、心を閉ざし続けてしまった。そして、対話が回復する機会のないままに、結局父を無言で送り出してしまった。

「忌々しい商業右翼コンテンツに、衰えゆく父を汚された。父に残された時間を、あったかもしれない最後の対話を奪われた」

胸に湧き上がった猛毒のような怨嗟《えんさ》。

それを吐き出すように殴り書きしたこの寄稿が、当時の心情を偽りなく綴《つづ》ったものであるのは間違いないし、ネット右翼と言われる人たちをリードする商業右翼コンテンツ（特に出版コンテンツ）が、「父たち世代」をメインターゲットに定めているという指摘は、決して的外れではなかったと思う。

実際、「デイリー新潮」への寄稿は思いがけずバズって、この寄稿の告知を兼ねたツイートが拡散されTwitterのトレンドにもカウントされることとなり、後に朝日新聞をはじめとするいくつかの媒体からインタビュー依頼も来た。僕自身、息子として守りたい父の尊厳もあるし、何より残された母の心情もあるから、その依頼の多くを断ることになってしまったけれど、依頼の主である編集さんや記者さんからのメールの多くに、「突然老いた親（のみならず家族の誰か）が右傾化した言葉を吐くようになって戸惑っている」、もしくはそのような声が読者を含めて周囲にとても多いのだというひとことが添えてあった。記事を読んだ古い付き合いの担当編集者たちからも、同じような悩みがあると吐露される中で、改めて「家族の右傾化と分断」は、現代の普遍的な現象なのだと確認した。

「嫌韓」がハングルの合理性に感心し、「嫌中」が中国に語学留学？

けれどその一方で、このとき僕の中には、何か大きなモヤモヤした感情が立ち上がり始めていた。

寄稿した記事をざっくりまとめれば、父が生来の知的好奇心から保守メディアに触れたことと、商業化し、なりふり構わなくなった右傾コンテンツによって、父の中にあった古き良き日本に対する喪失感の矛先が嫌韓嫌中思考に誘導されたのではないかという推論が、その柱となるだろう。

しかし、「商業右翼が分断の主犯！」とばかりに、怒りに任せて単純な決着をつけてはみたものの、それでは決して胸のモヤモヤは晴れなかったのだ。

まず第一に、一歩引いて客観的に自分を振り返ったときに、寄稿前後の自分が平常心を保てていたとはとても言えないということがある。例えば、左記は寄稿後に感想をくれた取引先の担当編集に返した一文だ。

冷静にお話しする努力が必要かと思いますが、嫌韓嫌中といった心理構造そのものは本当に下衆な民衆心理の骨頂であり、障害者差別、自己責任論、いじめ問題、あらゆる集団が内包する集団心理の醜さが凝縮された、「民意の肥溜め」だと僕は思っています。言いたくない言葉ですが、衆愚とか言いたくなる。だからこそ、自身の父がその言説に「汚染」されたことが悔しくて悔しくて、たまらないのです。

もう、明らかに冷静ではない。前出の寄稿を書く際にも、こうした心情を知人に吐露する際にも、僕は自身の中に湧き上がる激しい憎しみの情動に手を震わせながら、ヘイトコンテンツに対する嫌悪感に吐き気を催しながら、キーボードで文字を入力した覚えがある。

けれど、そんな激高した状態で出した結論で、自身の父親の七十余年にわたる人生の晩節を決めつけてしまって、果たしてよいものだろうか……。

さらに、いくつかの媒体からの取材や問い合わせに答える中で、僕の中には新たにいくつもの疑問が立ち上がってきてしまった。きっかけは、取材に応じるべく何とか記憶を掘り起こしていく中で、不可解な事実を思い出したことだ。

その事実とは、父がいわゆる保守系ワードを日常会話の中で口にするようになったのは、父ががんを患った後のことではなく、そこから10年以上遡る「仕事をリタイアした直後」＝２００２年前後だったということである。

この頃から、父の口からは「支那と言って何が悪い」「三国人は○○」「いかにも毛唐のしそうなことだな」といった、故・石原慎太郎氏の常套句みたいな排外的ワードがこぼれるようになっていた。

けれど２００２年と言えば、日韓共同開催となったＦＩＦＡワールドカップで偏向審判騒動があったことで、まさに日本国内（特にネット内）での反韓言説が大いに湧き上がったという頃合い。翌年はドラマ「冬のソナタ」に端を発した韓流ブーム元年であり、一方で保守本流を再編したともいわれた「新しい歴史教科書を作る会」が教科書検定に合格して物議をかもしていたタイミングでもある。

こののち、いわゆる嫌韓本の萌芽期が訪れ、次いで商業右翼コンテンツの百花繚乱を見ることになるのだが、この時点での父は「本当にこれが定年後か」と思うほど活動的で知的で、老いなど微塵も感じさせていなかった。

この時期既に父が排外的な発言をしていたのであれば、「老いと病で衰えたところを商業右翼コンテンツにつけ込まれた」という推論は、時系列的に全く的外れになってしまうではないか（「WiLL」の創刊は２００４年、「日本文化チャンネル桜」の一部コンテンツがYouTubeで視聴できるようになったのが２００９年）。

見失っていた事実を思い起こした瞬間、ギョッとした。ギョッとしたのち、再び混乱した。

というのも、「であれば父は、もともとの素地にそうした保守や排外的な思想を持っていたのか？」というと、それもまた、全く腑に落ちないのだ。

なぜなら晩節は反中発言の激しかった父だが、退職翌年から中国は雲南省の首都昆明にて、たっぷり半年間の語学留学をしている。思い起こせば色々な国の言語を学ぶのが好きだった父は、退職前にはハングルを勉強していた時期もあった。「ハングルは文字としてものすごく合理的で面白い」と言っていたのも憶えている。

「嫌韓」の父がハングルの合理性に感心し、「嫌中」の父がわざわざ昆明まで語学留学などするだろうか？

リタイア後に同世代との交友関係が急拡大

混乱する中で、もう一つ、思い出したことがあった。それは僕の記憶にある、「父が排外的ワードを使うようになった」その時期、父自身の人生に大きな変化が訪れていたということ。それは、同世代との交友関係の急拡大だ。

典型的な企業戦士だった父ではあるが、実は会社員時代の仕事を通じた人間関係では、友人らしい友人を作っていた気配がない。在職中は休日に必ずゴルフの練習やコンペに顔を出していたが、それもあくまで仕事上のことだったようで、退職するやせっかく買いそろえていた用具一式を容赦なく捨て去ってしまった。引き止められて出向先企業での再雇用にも応じたが、それも2年ほどのことで、きっぱり完全リタイア。その後は在職中の知人とも、ほぼ交流を絶ってしまった。

けれど一方、そうしてリタイアした後の父は、その37年に及んだサラリーマン人生で失ったものを取り戻すかのように、急速にその交友関係を広げていった。留学から帰国するや、地域の大学同窓会に積極的に参加するようになり、あっという間に記念誌刊行のコアメンバーを務めるまでになった。地域でパソコン教室や同世代の男性向けの料理教室を開き、自治会協議会の連携を目指すネットワークの設立や社会福祉協議会への参加など、もう全方向で交流活動を広げ始めたのだ。

ただ帰って寝るだけだった家の書斎は、地域活動の資料やPC関連の専門書籍が整然と並ぶようになり、地域のために日々飛んで歩く父はリタイア後とは思えないほどに活動的だった。

思い起こせば、初めて父の書斎で保守論壇誌である「正論」を目にしたのは、そうやって父がセカンドライフを充実させているさなかのことだった。

執筆陣には田母神俊雄元航空幕僚長や高市早苗氏など、そうそうたる保守論壇の先鋒が名を連ねていた。表紙には「総力特集・民主党よ、どこまで日本を壊したいのか」と打たれ、外国人参政権や夫婦別姓等々、後にネット右翼が「悪夢」と呼ぶ民主党政権の改革課題がやり玉に挙げられている。改めて調べると、それは父のリタイアから8年後、東日本大震災の起きる前年の刊行物だった。

右傾化は「孤独の病」

ここに至って、僕は新たな推論を立てた。

それは、当時父とその周囲にいた同世代のコミュニティの中で、「排外的ワード」「リベラル政党への疑義」といったものが、共通言語や雑談上のテーマ、いわば「飲みの席での娯楽的なネタ（話題）」だったのではないかということ。そして同じ傾向の思想を持つ狭い集団の中で対話するうちに、いわゆるエコーチェンバー現象（同じ価値観を持つ集団の中で対話を重ねることで、価値観や言葉が一般に通じないほどに先鋭化してしまうこと）が父の中にも起きてしまっていたのではないかということだ。

実は、父の晩年に枕もとで見た「月刊Hanada」や「WiLL」といった雑誌は、亡くなったあと書斎には残されていなかった。あれらはどこに行ったのか？「捨てた」のではなく「友人から借りたものだから返した」のかもしれない。

> 退職して改めて友人づくりができた父にとって、嫌韓論議は同世代の男性との共通言語（コミュニケーションツール）だったり、娯楽の要素が強かったのではないかというのが、あらたな見地です。寄稿した記事に書いたような喪失感も彼らの共通する感情で、その寂しさに対しての答えを、同世代との中で共有、醸成していったのではないかと感じています。

これは、記事寄稿後にコメント取材に応じた僕が、記者の方に送った文面だ。

狭い同世代コミュニティの中で対話を重ねたことでエコーチェンバーが起き、価値観の基準が右寄りに変質していき、その下地ができたところで商業右派コンテンツに晒《さら》される。病によって認知判断力が衰え、卑俗なネット右翼コンテンツの消費にまで至る。

まあまあ、ありえそうな話だ。

であれば、これは「孤独の病」だと思った。再び当時編集者や記者に送った文面を見返すと、やはりこんなことが書いてある（その時点での僕自身の思考プロセスを偽らないため、引用する文面はすべて原文ママとします）。

嫌韓に限らず、尖ったイデオロギーは往々にして人間関係を分断してしまう。その悲劇は、極左の父とか子宮系（編集部注：「女性の健康と幸せは子宮を労《いたわ》ることから」という思想を抱き、様々な健康法、開運法、自己啓発法などを子宮と関連づけて語る女性）の妻とか、カルト宗教に染まってしまった子とか、何度も繰り返されてきたことかもしれない。

家庭では徹底的に寡黙だった父は、退職後の同世代（同階級同階層男性）の中では非常に多弁であった。末期の父は嫌韓コンテンツを知的コンテンツなのか卑俗なヘイトコンテンツなのか選別する知的体力を失ってしまったが、家庭内に共通言語を失ったその姿は孤独だった。その経緯に家族との対話があれば違う結果だった可能性もあると思うと、忸怩《じくじ》たる思い。イデオロギーの先鋭化は「孤独の病」というのが、最終結論です。

父と僕が嫌韓というイデオロギーで分断されたことについて、同じことが極左的思考や新興宗教、エセ科学的健康ビジネスなど、あらゆるところで起きていると感じています。

福島第一原発の事故後、「東京は住めない」として子連れ避難されたお母さん（編集部注：妻）と夫とか、世の中の事象すべてが安倍批判につながってしまう連れ合いに苦しむ夫婦や（僕自身も全部安倍のせいにしたい安倍のせいズムみたいになっていて言葉を控える日々です）、時代情勢を鑑みないほとんど宗教的な護憲やスピリチュアルにハマる女子と冷え冷えする彼氏や。もうあらゆるシーンで尖ったイデオロギーは家族やパートナーシップを分断します。

父世代のネット右翼化に関しては、インターネットという選択的情報メディアで、尖った言説だけを吸収できてしまう環境。それをビジネスとして活用しようとした、末期の言論メディア、保守政権の便乗などなど、最も悪い形でこの分断を招く先鋭化が進行してしまった結果というのが、自分の考えです。

信条は「大勢に迎合せず」

さて。改めて冷静になって振り返ってみると、やはり父を失ったばかりのこの時期の僕は、平常心ではなかったし、大きな混乱の中にあったと言わざるを得ない。

父に心開くことなく送り出してしまったことに対して、自分の中できちんと理由付けがしたい。なによりも実の父親を「嫌悪感を持つ対象」という認識のままで看取ってしまった罪悪感から解放されたい。そのために、「犯人が欲しい」。これが僕の当時の心情だったと思う。

父を変節させた犯人は誰か？　その最も辿り着きやすい解として、まずは「主犯格」に商業右翼コンテンツを挙げた。それが「デイリー新潮」への寄稿だ。けれど時系列的にそれが合わないとなると、父が生前大切にしていた同世代コミュニティを「共犯者」に想定し、家族内での父親の孤立問題や、家族を分断するその他のイデオロギー問題の一つとして分類しようとした。

けれど、間違いなくこれは「こじつけ」だ。思い付きのこじつけだから、この推論もまた、僕自身の中で容易に論破できてしまう。

そう。全然変なのだ。

推論では同世代コミュニティの中で共通の話題として保守的論題があったことを一因としたが、これに反して父は徹底して「大勢に迎合せず」を信条にした人物だった。

要するに、流行り物が大嫌い、流行り物は流行っているという時点で受け入れないという、非常にへそ曲がりで天邪鬼《あまのじゃく》な根性の持ち主が、僕の父だったのだ。これは良くも悪くも父の価値観や美徳の根幹であり、ろくすっぽ話す機会もなかった息子の僕にも、そのポリシーは強烈に刷り込まれている。

子ども時代から、安易に流行り物を欲しがれば叱責が飛ぶ。ときには頬を張られた。「迎合するな」「おもねるな」「それは恥ずかしいことだ」。正しいかどうかは別にして、それが僕の父親だった。

であれば、やっぱり変だろう。

高齢者の右傾化がメインストリームみたいに言われる中で、所属するコミュニティの共通言語だからという理由で父がそれに諾々《だくだく》と迎合するというのは、全くもって違和感しかない。僕の父なら逆張りする方が納得がいく。

一方で、父は権威や押し付けられた正しさをとても嫌う人物でもあった。幼い頃、自宅近くの道を暴走族が轟音《ごうおん》を立てながら走る音に、食卓の父が「大介が暴走族になってもいい。けれど暴走族になるなら自分が頭になれ」と言ったのを憶えている。

僕がまだ、父の膝に乗っかるような幼い時期のこと。そんな小さな子どもに無茶苦茶なことを言うものだと、今となっては思うが、正しいか正しくないかは世間が決めるのではなく自らの判断で決めることであり、他者の評価を鵜呑みにするなというのもまた、我が家の家訓のようなものだった。

けれど、保守とは「権威に従う姿勢」を取り「守旧的」であることもまた、特徴の一端ではないか。であれば、やはりそれは僕の知る父のパーソナリティとは、とうてい合致しないのだ。

敢えてパンドラの箱を開ける

安易に答えを求めているだけで「僕は向き合えていない」。

そう思った。

正直、「商業右翼コンテンツのせいで父を汚された！」と決めつけ、父を「過去の人」にしてしまった方が、よっぽど楽なのは自分でもわかっている。

けれど、立ち止まってきちんと考えようとすれば、やっぱりどうして晩節の父がヘイトワードを口にし、あの吐き気を催すようなコンテンツを消費したのか、その明確な理由がわからない。

　そもそも、その理由の背骨となるはずの父という人物が、僕にはわからない。それどころか父たちの世代のことも、彼らが共有する心情や価値観も、なんだかわかっているようで全然わからない。

　であればなおさら、このわからない状況のまま、自らの父の晩節のありさまを憶測で結論付けてしまっていいはずがない。なにより物書きの矜持《きょうじ》として、自身で容易に論破できてしまうような推論を出しっぱなしというのも無責任である。Web寄稿とはいえ、メディアに出した時点で、それは記録に残るもの。僕の寄稿を読んだことで、「やっぱり我々の父世代はネット右翼化しているんだ」とばかりに自らの父との価値観の乖離《かいり》や取り戻せぬ断絶を感じ、分断を深めてしまう読者だっているかもしれないのだ。

　そして何よりも、もし、もし万が一、父が僕の思うようなネット右翼ではなかったとしたら、価値観に変節をきたしたわけでもなかったとしたら、僕は自らの父の尊厳を棄損したまま放置した、最悪の息子ということになってしまう。

　父を失った後の僕は、まるで湿地帯の中を細々と続く畔《あぜ》を歩いているみたいだった。

歩みを進めている分には問題ない。けれどひとたび立ち止まって足元を見ると、自らの身体の重みで靴の回りにジワジワと黒く冷たい水が沁みだしてくる。あっという間にくるぶしまで溜まるその黒い水は、父と僕の間にあるものだ。悲しみであり喪失感であり、けれどやっぱりそんな言葉の中に収まりきらない、憤りや自罰感情も伴った複雑な気持ちだ。覗きこめばそれは、底の見えない真っ暗な穴から湧き上がってきて、ずぶずぶと沈んでいきそうになる。

腹をくくることにした。

敢えてパンドラの箱を開けよう。何が出てこようとも、改めて父を徹底的に知り、検証し、決着をつけよう。でなければ僕は、永遠にその穴の縁《ふち》から、不気味で得体の知れない、見てはならないようにも思える真っ黒な何かを、覗き続けることになる。

その決心がつくまで、実に父の死から1年半を要した。

第二章　対峙

遺品ノートパソコンに「嫌韓嫌中」フォルダ

亡き父の検証。それは、墓を掘り返すような作業から始まった。

まずは、父のがん細胞が脳に転移して言葉を失う直前まで使っていたノートパソコンに、再度電源を入れた。現在主流になっているSSD（ソリッドステートドライブ＝非常に高速で作動する記憶媒体）ではなく旧来のハードディスクを搭載したモデルで、起動にとても時間がかかる。

読み込みのたびにハードディスクと冷却ファンから鳴るかなり大きな異音に、病室や書斎でそのノートパソコンを前にしていた父の記憶が、病室に充満していた「死を待つ者に独特の体臭」が、まざまざとよみがえった。

そのカリカリガリガリという異音は、薄暗い部屋でヘイトなテキストを単調に読み上げるYouTube番組の音声と共に、不協和音を奏で続けていたものだ。壊れかけたノートパソコンと病に蝕まれ壊れていく末期の父。それはあまりに調和していて、正視に堪えない光景だった。

父がこの世を去る半年ほど前、その壊れかけたノートパソコンを見かねて、SSD

を積んだノートパソコンを安く購入して父に贈った。末期がんの宣告後も地域の高齢者向けにパソコン教室を続けていた父だから、各種アカウントの再登録や環境移行などお手のもののはず。けれど父は僕の贈ったノートパソコンは使わずに、古びて塗装の剝げたノートパソコンを使い続けた。思えばあの時点で、父の認知機能も気力も極限まで失われていたのかもしれないが、一緒にセットアップをしようという気分には、とてもならなかった。

それぐらいのことができないほど、僕は父との間に壁を作っていたたし、父も僕にそれを頼めない関係性を感じていたのかもしれない。その事実が不快な異音と相まって、改めてどんよりと重く胸を圧迫する。

もう、壊れてしまったのだろうか？　そもそも父の没後、本来であればプライバシーの塊であるパソコンを起動したのは2度目だ。一度目は父がやっていた地域活動のデータを後任者に引き継ぐための資料探しと、母に一切の遺言を残さなかった父がパソコンのどこかに一行でも何か残していないかを探す作業のためだったが（結局それは見つからなかった）、その時点でもギリギリなんとか立ち上がって、フォルダ一つ開くのに数分かかるような状況だった。

起動画面を見続けつつ、5分、10分……半ばあきらめた頃、異音が少し薄れると同時に、父のパソコンは起動した。

　常にOSは最新のものを使っていたはずの父だが、画面に表示されるのは、ひと世代前のOS。父らしくシンプルに整理されたデスクトップに「嫌韓嫌中」と名づけられたフォルダがあるのを見て、改めて胸のど真ん中を大槌《おおづち》で叩かれたように感じた。


　父の右傾コンテンツ閲覧の経緯は、前出の寄稿記事の通りだ。

　食事とトイレ以外はベッドの上で過ごすようになった時期に父が見ていた動画コンテンツは、主にYouTubeの嫌韓系テキスト動画。「嫌韓嫌中」の検索ワードで引っかかるような動画のほか、保守論陣のネット討論では老舗の「チャンネル桜」の番組をYouTubeに再録したものが多かったようだ。デスクトップ「嫌韓嫌中」フォルダの中には、それらいくつかのURLがセレクトされ、几帳面な父らしくわざわざExcel上に整理されて入っていた。

　ブラウザのお気に入りには、2ちゃんねる（現5ちゃんねる）系のまとめブログである「保守速報」。クリックすると、【海外の反応】を表題の頭にした日本礼賛の記事だったり、韓国や中国の失政を嘲弄するようなまとめ記事のタイトルが居並んでいた。

ちなみにテキスト動画の多くはデッドリンクだったが、再生可能なものをクリックしてみると、

「中国大手検索サイト百度《バイドゥ》の掲示板に、韓国は売春婦輸出大国というスレッドが立てられた」

「最悪な韓日関係に伴う嫌韓の雰囲気のために、日本人を対象に事業を展開している韓国企業が苦難を強いられている」

等々と、ネット右翼勢以外の誰も得をしない、糞どうでもいいテキストが機械的に自動音声で読み上げられパソコンから流れ出す。

耳をふさぎたい。

壊れかけたハードディスクの音と、劣化したスピーカーから流れるひび割れたヘイト音声の不協和音に、再びあのホラー映画染みた父の病床の記憶と嫌悪感が、まざまざとよみがえった。

間違いなく、父が今際《いまわ》の際《きわ》まで視聴していたコンテンツは、いわゆる「ネット右翼的コンテンツ」。その中でも、最低品質のもの。改めて確認すると一層胸が締め付けられた。

何気ない会話の中で出る「ヘイトスラング」

では次は、僕自身は具体的に父のどんな言動に対して拒否感を感じ、心を閉ざしたのかの再確認だ。

これも極めてつらい作業だが、改めて記憶を掘り出して、整理してみることにした。まず、僕が最も苦痛に感じたのは、明らかにネトウヨ的なメディアに触れていなければ使わないであろう、いくつかの特定用語（ネットスラング）が父の言葉の中に混在したことだ。

実際に父の口から出たそのスラングを書き出すところから始めた。結果はこうだ。

- 韓国人をさげすむ「火病《ファビョ》る」
- 中国韓国北朝鮮を反日国家としてまとめた「特亜」（特定アジア）
- ネット以外のメディアを見下す「マスゴミ」
- 旧民主党を貶《けな》す「ゴミンス」
- 左翼への蔑称である「パヨク」

・生活保護受給者への侮辱や制度そのものの蔑称としての「ナマポ」

・他国文化等を自国由来と主張する韓国を嘲弄する「ウリジナル」

洗い出してみればたったの7語だし、父が四六時中こうしたスラングを口にしていたわけでもない。けれど、僕にとってこれはやはり、非常にインパクトのある語句だった。なぜならこれらは、単にスラングというより、明確に「ヘイトスラング」、濃厚に差別や軽蔑のニュアンスを含んだ、誰かを傷つける可能性のあるスラングだからだ。月に一度の通院同行以外に父と共有する時間のない息子としては、その残り少ない時間をひとことでぶち壊しにするほどのパワーワードだったし、こうしたスラングが父の言葉に混じることそのものが、僕にとっては日常会話の中に場違いな下ネタを織り交ぜられるのと同じぐらい、ショッキングなことだった。

ではさらに踏み込んで、こうしたスラングを使うこと以外に、僕は父の言動のどんなところに、「ネット右翼っぽさ」を感じていたのだろう。

思い返すとそれは、父がテレビのニュースや報道番組に対して毒づく言葉に感じていたものが大半だったようだが、日常生活の何気ない会話の中にもにじみ出ていた。

記憶にある父の発言を列挙すると、こうなる。

・支那、三国人といった言葉の何が悪いのか
・南京大虐殺を実証する研究はない。歴史上もっと大きな虐殺は無数にある（※死者数を確定する研究はない、かもしれない）
・生活保護の水際作戦がなければ、不正受給がはびこる
・かつて普通だったことも、なんでも障害・病気にしたがる時代だ（主に発達障害等について）
・シングルマザーはひとりでシングルマザーになったわけではない（結婚と離婚、男性との関係を経なければシングルマザーにはならない。別れた女性側にも理由はあるし、それを選択したのも自分自身といった意味合いで）
・日本人は簡単に結婚して、簡単に別れすぎる。覚悟がない
・特定の野党女性議員に対して「品性がない」等の罵り
・特定のテレビ女性キャスターに対しての罵りや、即チャンネル変更
・これだから女の脳は〇〇だ（女性の運転する車や母の言動に対し）

・女だてらに○○する、女三人寄れば姦《かしま》しい等の男尊女卑発言
・LGBTQ当事者タレント、当事者への批判
・（外国人労働者を移民として受け入れると）日本が日本でなくなってしまう
・中国人観光客、在日中国人に対してのひとことディス（声が大きい・国が豊かになっても民度は低いまま等）
・野党に任せたら日本が壊れる（大麻合法化絡みのニュースに対し）

こうして書き出してみると、父の発言はやはり、非常に「ネット右翼的」だったと感じざるを得ない。けれど、改めて思い返してみたことで、父の発言をいくつかに分類できそうなことに気づいた。それが、以下の五つだ。

①中韓（主に韓国）に対しての批判
②社会的弱者に対する無理解（生活保護・シングルマザー・発達障害関連での発言）
③保守論壇の主張に含まれる「伝統的家族観の再生・回帰」「性的多様性への無理解」の影響を受けているように思えるもの

④ミソジニー（女性嫌悪・蔑視）が感じられるもの
⑤排外主義（日本文化の維持についての危機感）

やはり、これらいずれもが、僕自身がネット右翼的だと思っている層の人々の発言や価値観とかなりオーバーラップしているように感じるし、こうした発言に加えてネット右翼に特徴的なヘイトスラングまで口にするとなれば、僕の「父がネット右翼化した」という感覚は、決してズレたものではなかったように思う。

「僕自身」にとっての「ネット右翼」とはどんな人々か

けれどここで結論を出したら、それまでと変わらない。ここは一歩引いて、冷静に考えてみることにした。

そもそも「僕にとってのネット右翼」とは、どんな人々だろうか？　また、「保守」「右翼」「右傾」といったワードに僕がどう感じていて、それがネット右翼とどう違うのか？

そう。「ネット右翼とは何者なのか」といった研究で定義づけられているものは別にして、あくまで「僕自身」がどのような像を描いているかについて、改めて考えることにした。

まずいきなり腰砕けになるが、不勉強を恥じずに言えば、僕は保守や右翼が何たるかを体系立てて学んだことは一度もない。そのうえで、あくまで個人的感覚で言えば、「保守」とは、「個人より国家を優先する思想」であり、その想定する先に「伝統的国家＝ニッポン」の再生や維持を見据える思想のこと。個人の自由よりは、伝統的国家の美しさを優先する。歴史認識としても第二次世界大戦に向かった日本を肯定的に捉えるといった思想や価値観があるため、国家の自立性（米国依存からの脱却）や再軍備もイシューとして前面に出てくる。これが日本の保守だと、僕は感じてきた。

一方で、「右翼」はそうした保守的思想や価値観を実際に抱え、「行動に移す人々・派閥」で、世代的にまず思い浮かぶのは赤尾敏氏と野村秋介氏だろう。国家もそうだが、それを構成する国民に対して、「民族としてのニッポン人がどうあるべきか」を過激に問う人々で、北方領土返還を含めて戦後日本の主権だとか民族独自性を柱として打ち出す人々という印象だ。

保守は思想、右翼はその保守思想を実践する集団というイメージだが、なんとなく保守は国家主義、右翼は民族主義（それに伴う排外主義）というふうにぼんやり捉えていて、「右傾」という言葉には「保守化」よりもよりラジカルで好戦的な印象を持って育ってきたように思う。同じ自民党であっても保守は宏池会で、清和会はより右傾しているといった印象だ。

もう、我ながら実に不勉強で恥ずかしいし、方々から怒られそうだが、これが僕自身の正直な印象論。けれど、恐らく1970年代生まれの小市民に保守や右翼を概念として学ぶ機会はほとんどないだろうし、僕の持つようなざっくりした認識が「中央値」なのではないだろうかとも思う。

mixiで右傾したつぶやきを投稿する友人らの共通点

では核心の「ネット右翼」についてはどうか？　これまでの僕は保守思想をベースにした「非常に残念な人たち」というイメージで捉え、深く考えたこともなかったが、記憶を掘り起こせばその認識がおぼろげに生まれてきたのは、2005年から200

9年ぐらいのこと。日本におけるSNS普及の先駆けとなったmixiを利用する中でのことだったと思う。

きっかけは、それまで政治的な発言を特にしてこなかった友人の一部が、経済発展著しい中国のパクリ商品（日本製品の模倣品）の品質の低さや、韓国で放映された日本アニメの剽窃《ひょうせつ》とされるロボットアニメ作品を、あからさまに嘲弄の文脈、そして政治的な文脈で、SNS上の日記やつぶやきの中で論《あげつら》うようになったことだ。

僕自身は、SNSをもともとオフラインで交流のある趣味仲間や学生時代からの友人との連絡や相互の日常確認ツール的に使い始めた古いタイプのユーザだったし、当時のSNSと言えば招待制加入を原則としてスタートしたmixiだったから、友人らの多くがSNS以前から続く「顔の見える相手」だった。だからこそ、「ネタとして楽しむ」を超えて、その手の話題ばかりを投稿し続けるようになった友人に違和感を覚えたことは強く記憶している。

あれ？　ずいぶんそっち（嫌韓嫌中）のネタばっかり毎日拾ってくるな。あいつ、そういうやつだったっけな？

確かにパクリネタのフラッシュムービーなどには面白さもあって、そのいくつかは僕も爆笑した。けれど、そればかり拾ってくるのは違和感があるし、そこまで悪意を込めた嘲笑を続けなくてもいいのに。無理に政治的な話にこじつけなくてもいいのに。偏《かたよ》ってんなこいつ。

第一印象は、その程度だったと思う。

彼らの発言は、まずはmixiが提携するニュースサイトから引用した「mixiニュース」への感想。加えて「ハム速【ハムスター速報】」「痛いニュース」といった2ちゃんねる系のキュレーションサイト（まとめサイト・まとめブログ＝インターネット上の情報を、特定の価値観で収集・編集して再発信するサイト）の記事を引用して、持論を展開するものが多かったと思う。

当時、こうしたキュレーションサイトが扱うネタは、政治にかかわるネタではなぜか嫌韓嫌中を中心とする排外思想を感じさせるものが多かったし、特に僕の仕事柄（社会的困窮者への取材が多かった）、主に生活保護受給者などの社会的弱者を嘲弄・差別するようなネタに露骨な差別コメントがついていることに辟易《へきえき》し、強い怒りを感じていた。

ちなみに、そうした右傾したつぶやきを投稿する友人らには、その他の投稿にも明確な傾向があった。それは、通勤の電車内での乗客マナーだとか公共交通の遅延や冷暖房、運転技術への批判、会社の上司や自身の待遇についての不満などをやたらに垂れ流す、つまり「愚痴が非常に多い」ということだ。さらに、性別はほぼ「男性ばかり」。それが、この時期に僕が右傾投稿の友人らに感じていた傾向だった。

いわゆる「ネット右翼の正体は何者か?」という議論は彼らの存在が認知され始めた頃からあり、初期には「社会的に評価を受けていないことに憤懣《ふんまん》を募らせる若いアンダークラスの男性」という像がステレオタイプとして想定されていたが、僕自身もまさにその像を描いていたことになる（後の調査の多くでは、ネット右翼の正体は、平均所得以上の中高年とするものが多かった。徳島大学の樋口直人総合科学部准教授らによる2018年の大規模調査では、ネット右翼で最も多いのは経営者や自営業などの層と指摘）。

けれど、この時点での僕は、やはり「偏ってんなこいつ」と思う一方で「俺も偏ってるしな」程度の認識だった。

それは右寄り左寄り、いずれの価値観を持つことも、ある部分は右、部分的に左といった揺らぎを持つことも、社会の中で認められるべき多様性だと思っていたからだし、情報過多なネット社会の中では、溢れるニュースをキュレーションすることの需要と公益性は決して否定できないと感じていたからだ。

「なんか変なムーブメントが出てきたけど、これもインターネットというメディアが出てこなければ目にしなかった、人の側面なんだろうな」

少々辟易しつつも、そんなふうに感じていたのを憶えている。

思えばこの時点で、既にネット右翼という言葉も存在していたし認知もしていたし、2009年に京都の朝鮮学校が付近の公園を占有しているという趣旨で、在特会（在日特権を許さない市民の会）らが抗議活動をしたことに熱心な援護射撃（ネット上での投稿）を繰り返す友人がいたことなども記憶にあるが、この時点ではやはり「ギリギリ多様性のうちなのかな」と僕は考えていた。

3・11を境に、日本人が右と左に分断された

けれど、「状況が一変した！」と感じたのは、2011年の東日本大震災後だ。

あのとき初めて、僕は「日本人が右と左に分断された」と感じた。そして、極端に分断を広げようとする、多様性の文脈には収まらない勢力として、ネット右翼という人々を認定したと思う。

分断を強く認識したのは、間違いなくこれが「初めて」だった。古い話を持ち出せば、例えば「村山談話」（1995年の終戦記念日に当時の村山富市総理が日本の戦争責任について語った談話）でも、評価をめぐって国民が二分したなんて感覚は当時なかったし（そもそもあの頃、保守は現在より圧倒的にマイノリティだった）、鳩山由紀夫氏率いる民主党への政権交代後にネット上に吹き荒れた「アンチ民主」の声を見たところで、やはり国民の分断なんて文脈で考えたことはなかった。それはまだ、僕の中では多様性の範疇《はんちゅう》に収まっていた。

けれど3・11以降、ネットでは真っ向から相手の言説や価値観を否定し受容しない、多様性を排除する分断のムードが充満した。

正直、右も左も、その両極に対して、僕はうんざりしていたように思う。

例えば、左派は反原発からオカルトへと、大きな振れ幅を見せたように感じた。それこそ60年安保闘争から続くような高齢左派の一部は、それまでも一部の「買ってはいけない勢」（極端な自然派志向）から感じ続けていた非科学色を一層濃くし、あっというまに科学的エビデンス重視派との間に内部分裂を起こしていった。「東京から避難せよ！　1年後には住めなくなる」みたいなテーマで講演会ビジネスを展開する輩《やから》、手あたり次第に自費診療のデトックス（体内から毒素を排出）を提供し始めたビジネス医療者、政府のエビデンスはエビデンスではないとして敢えて放射線量の高い公園の側溝などを線量計片手に計りまくるラジオフォビア（放射線恐怖症。phobiaは直訳すれば「恐怖症」だが、ここでは非科学的論拠を基準に必要以上に物事を恐れることの意味）なグループ、そしてエネルギー政策にぶら下がる原発利権・原発村に斬り込む部隊等々。それは、「マイノリティの声を封じない」ことを是とする左派の特質が、悪い方に作用してしまったように見えた。

一方で「右サイド」はどうだったろう。激しく迷走する老害左派を嘲笑《あざわら》う投稿などが目立つのは、まあ仕方がなかろう。けれどここで僕が「状況が一変した」と感じるのには、二つの理由があった。

まず一つは、政府の原発事故対応に関する問題への指摘を、あくまで当時の民主党政権への批判を中心とする「政治的マター」として発言する者が非常に目立ったこと。そしてその主張が、民主党批判であるだけでなく、ほとんど盲目的な自民党政権復帰願望を含んだものだったことだ。

それは宗教的な自民礼賛のように、僕には見えた。

この頃、彼らの発言に引用されるソースとして目立っていたのは、キュレーションサイトに加えて「国民が知らない反日の実態」という利用者編集型（wiki形式）のサイトだったりしたが、投稿から感じられる主張は、反民主党、そして何より民主党政権以前の自民、中でも第一次安倍政権への回帰願望。今思えば、非常に政治的な部分に収《しゅう》斂《れん》していたように思う。

「野田（佳彦）辞めろ、ゴミンスつぶれろ。反日勢力に日本を支配される前に、安倍晋三よ、戻って来て、この日本を救ってくれ！」

後に、故安倍氏が「悪夢のような」と繰り返した民主党政権への批判。政権関係者への個人的な誹謗中傷から、掲げる政策、被災地への支援、原発事故への対応まで、一挙手一投足に対する揚げ足取り。彼らの主張は、間違いなくそこに特化していた。

そして状況の一変を感じたもう一つのポイントは、それまで僕がネット右翼的だとは全く考えていなかった層の友人たちが、やはりSNSを通じて非常に右傾した政治的投稿を繰り返すようになったことだった。

思えばそれが、僕の感覚では「ネット右翼第二波」だったように思う。

投稿の主は、それ以前の「通勤電車がダルい・上司がクソ」とつぶやく層とは異なる、企業経営者、海外から日本を見ているビジネスマン、大手企業勤務、成功したフリーランスなど。年代は僕の友人なので1960年代終盤から1970年代生まれが中心だが、要するに社会的にそれなりの評価を得ている人たちで、それまで僕が感じていた「社会的に認められない憤懣を、設定したエネミーに発散する」みたいなネット右翼像とは全然違うクラスターだったのだ。

震災後の激しい混乱の中、僕のネット右翼に対する認識は、多様性の範疇から大きく逸脱したものへと移行していった。

愛国心を語り出す女友達に感じた「気持ち悪さ」

彼らが復活を熱望した第一次安倍政権は、それまでの自民党政権では感じたことがないほど、保守を強く打ち出した政権だったと思う。発足は小泉純一郎内閣を継ぐ形だったが、掲げた政治信条はモロに「戦後レジームからの脱却」「保守の再構築」だったし、たった1年程度の短期政権ではあったけれど、「うわ、保守を煮詰めて絞った汁みたいなのが出てきたな」と感じたのを憶えている。

原発災害をどう取り扱うか千々に乱れる左派に対して、カウンターのように現れたこの新クラスター（僕自身はそのように感じた）はまた、先の短期政権下で安倍内閣が行った改革（教育基本法改正等）がいかに素晴らしかったかを盲目的に賛美する、とても統一された集団のようにも見えた。

失われた美しい日本とそれを愛する心の復活は、安倍政権の復帰にかかっている、それに同調しない者はみな「反日である」みたいな言説を平気で引用し、「いいね！」のつけ合いっこをする。そこには当然、中韓ヘイトを柱とする排外思想もこってり塗り込められ、それこそどんなニュースへのコメントも、最後はヘイトで締めくくられているように感じた。

加えてショックだったのは、その場に女性の友人もいたことだ。普段はガーデニング日記とか、お店で出てくるような凝った料理の投稿が多かったはずの彼女らが、いきなりキラキラした愛国心を語り出すことに、僕は少々ショックを受けつつ、同時に「気持ち悪さ」を感じた。

気持ち悪さの正体は、そうした彼らの保守的発言や、滲《にじ》ませる愛国ムードから漂ってきた「大政翼賛」のにおいだ。

少なからず、僕はリベラルに偏って育ってきたのだろう。

太平洋戦争中、軍部のプロパガンダを市民に強要したのは「地域の有力者」であり、銃後の守りを高らかに叫ぶのは「元気で面倒見のいい近所のおばちゃん」だったと、僕「たち」はそう習ってきたはずと思っていた。

互助を美徳とする隣組が、ときに「軍人さんや兵隊さん」よりも排他的だったこと。国民であるより前に個人であることを主張する者の口を、「非国民」とか「国賊」といった荒縄みたいな言葉で縫い付ける人々がかつての日本にいたこと。それこそがファシズムを支えるものだったと、僕「ら」はそう様々な映画や文芸作品、漫画などの表現物から読み取ってきたと思っていた。

あれ？　僕「ら」とか思っていたのは、僕だけ？

堂々と「ニッポン国民とはこうあるべきだ」みたいな言説を引用したり自ら発信したりする同世代の友人らに、僕は混乱した。

「そういう発言はいかがなものか」とは、言いづらい。

なぜなら、そうした投稿以外の日常的な投稿では、彼らは僕の「知人」ではなく、あくまで変わらず「友人」だったから。つまり一定の価値観を共有し、美しいと思うものや美味しいと感じるもの、大切だとか楽しいと思うことを分かち合える人々であることに、変わりがなかったからだ。

にもかかわらず、僕は「分断された」「価値観の差を無理やり可視化された」ように感じた。保守とリベラル、右派と左派は、多様性のもとに共存できる。けれど、日々ヘイトな投稿を続ける「ネット右翼」な彼らとは、非科学的なラジオフォビアをまき散らす左派同様に、同じ場を共有するのが難しい。

それがあの震災後、僕の感じた分断であり、肌で感じたネット右翼の台頭だったのだ。

あれからもう10年以上。

ときにはしんどくなってこっそり発言をミュートしたり、やっぱりミュート解除したりしながら、彼らとの付き合いを続けるうち、僕の中で徐々に「これがネット右翼と呼ばれる人たちだ」という判断基準が確定したように思う。

価値観が定型スタイルに封じ込められている人たち

こうした経緯を経て、僕の中で固まってきたネット右翼像。それは、以下の四つの基準を満たすような人々だ。

①盲目的な安倍晋三応援団
②思想の柔軟性を失った人たち
③ファクトチェックを失った人たち
④言論のアウトプットが壊れた人たち

彼らのベースにあるのは基本的に保守寄りの思想だが、場面によっては保守思想とは逆に思える発言をすることもある。通底するのは盲目的な安倍晋三シンパであることで、たとえ保守とはブレたマターでも、安倍さんが言うことなら正しい、政権は正しい、だから原発バリバリ再稼働。布マスク大歓迎だしアベノミクスは大成功。リベラルは反日だし国籍そのものが怪しい、中韓は敵。異を唱える者は「反日工作員」で決定。このような思考の硬直化。

思想というより、キュレーションサイトをはじめとする特定のコンテンツに書かれていることに疑問を感じず、ただただそこに書いてある情報は正しい、そこに書かれている敵が共通の敵という認識で、情報ソースの信憑性を調べるどころかソースに当たることすらしない、要するにファクトチェックを失った人たち。

さらに、一方的な言説をネットで発言することで、誰かを傷つけないかとか、自身がどう思われるかといった観点を喪失した、言論のアウトプットが壊れた人たち。

五つ目を加えるならば、そこに「自分たちだけが真実を知っている」という妙な選民意識があることだろうか？　それが、僕の思うネット右翼像だったと思う。

たとえとして適切かわからないが、許しがたい性被害に遭った女性ジャーナリストの件。「加害男性が安倍友だから捜査が恣意的に行われた」と決めつけるリベラルも、少々感情的でソースの確認不足と感じたが、彼女に対する激しいバッシングと誹謗中傷の中心が、まさにネット右翼な人々だった。

あのとき、被害女性に対して、こんな投稿をした友人がいた。

「枕営業に失敗した出世欲の高い女性。国家の陰謀とか、反日以前に統合失調ぎみなのかと疑う」

たったこれだけの文章に含まれる、性差別、排外思想、障害者差別、そして濃厚な悪意たるや……。

あまりのことに真っ青にならざるを得ないが、この発言のスレッドには、彼の友人によって、この被害女性の住むエリアの官報に同姓同名の在日中国人女性の記録が掲載された履歴があるという個人ブログ記事が貼られ、「国籍からして怪しい」といった文脈で続いていく。

なお、発言の主は、僕が若い頃からずっと尊敬し続けてきた人物だった。どうしてあの彼が、こんなことを言うのだろう……。けれど、これこそが、僕の思うネット右翼の発する典型的な発言と、ヘイトの連鎖だ。

ここまでくると、やはり震災以前に感じていた「保守もリベラルも多様性の範疇」という考えは通用しないだろう。

「柔軟性を失っている」という表現も、少々生易しく感じてくる。彼らは柔軟性を失っているというより、価値観が定型スタイルに封じ込められていると感じた。

安倍応援団なのは、別によい。けれど安倍シンパならば、安倍氏と仲の良かったトランプ前米大統領の主張も政策もすべて正しい。それこそ宗教的にトランプ氏を支持する陰謀論者のトンデモな説まで違和感なく受け入れてしまう……といった具合に、「思想が一つのセットの中」に納まって、多様性が完全に失われている。

加えてアウトプットが壊れている、つまり、自身の放つ言葉が誰かにとっては暴力となり得ることにこれほど無自覚であることは、その発言（投稿）が消されない限りは延々と履歴に残り、真偽を確かめもしない第三者によって拡散される可能性のある現代のネット社会では、明確な害悪と言い切ってよいと思う。「根も葉もない個人攻撃」が延々と拡散することは、ときに人を死に追いやることすらあるからだ。

これが、最終的に僕の中で確定したネット右翼像。

そして、やっぱり非常に残念だし無念でもあるが、僕の父が晩節口にしたヘイトスラングのすべては、こうしたネット右翼が好んで口にする、むしろ彼らの界隈以外ではほとんど聞かれない、特定のワードだったのだった。

「安倍政権の言うことだから正しい」的発言は一切しなかった父

墓を暴き、中身を確かめて、閉じた。

とりあえず、いちばん見たくなかったものは、正面から直視したと思う。

改めて、胸が詰まった。

僕はやはり、僕の中で規定するネット右翼的な人々を、多様性の範囲だとはとうてい受容できない。

彼らの共通言語である「火病る《ファビョる》」「特亜」「マスゴミ」「ゴミンス」「パヨク」「ナマポ」「ウリジナル」……これら特定のヘイトスラングが我が父の口からも出てきたときの失望、喪失、憤慨、嫌悪、あらゆるネガティブが入り混じったあの感情は、思い出すのもつらい。

やっぱり再び、「誰かが父をネット右翼に変節させたのだ！」と加害者像を作り、叩きのめしたくなる。

けれど、こうして父の墓を暴くようなことをした結果、それでもやっぱり方々に違和感が残ったのも確かだった。

例えば、前述したように僕自身はネット右翼の大きな共通点として「安倍応援団であること」「思想が一つのセットの中に納まっていること」などを感じていたが、父は旧民主党系の女性議員に露骨な嫌悪感を示したり「朝日新聞ってのは朝鮮日報だな」のようなネット右翼ど真ん中に思えるような発言をしたりする一方で、「安倍政権の言うことだから正しい」的な発言は一切しなかったし、当時の保守政権に対する肯定的な言葉も、ほとんど口にしなかった。

ではは本当に、父とは果たして何者だったのか。父の価値観や信条はどこにあったのか。まずは生前の父の発言の洗い出しと、父を「僕の思うネット右翼像」と比較検証する作業から入ったが、今度は一度僕の主観から離れて、世の中でいう保守と父、社会現象でいうネット右翼と父を題材に、俯瞰《ふかん》して検証してみようと思う。

第三章　検証

ネット右翼は人口の2％に満たないマイノリティ

そもそもネット右翼とは何か、保守とは何か。第二の検証は、それを僕自身の中にあるイメージではなく、先行調査や研究に求めるところから始めた。

参考資料とさせていただいたのは、ある程度左右両面からの視点を求めて、下記の6冊とした。

A『日本人は右傾化したのか――データ分析で実像を読み解く』田辺俊介編著（勁草書房）
B『ネット右翼とは何か』樋口直人他著（青弓社ライブラリー）
C『日本の分断――私たちの民主主義の未来について』三浦瑠麗著（文春新書）
D『保守とネトウヨの近現代史』倉山満著（扶桑社新書）
E『右派はなぜ家族に介入したがるのか――憲法24条と9条』中里見博他著（大月書店）
F『朝日ぎらい――よりよい世界のためのリベラル進化論』橘玲著（朝日新書）

たぶん、右派からも左派からも「その選書はなんだ!?」と猛烈なツッコミを受けそうだが、僕自身は論壇の人間でも右翼の中の人でも左翼のど真ん中な人でもないので、資料そのものの是非や研究の精度はさておく。とはいえこの6冊、少なくとも「僕の父は何者だったのか」について思考と検証を進めるガイドとしては、十二分なセレクトだったように思う。

まず、これらの資料で複数の研究調査が言及しているのは、ネット右翼が社会の中では極めてマイノリティであること。ネット上のアノニマス（無名・匿名）による言論は、同じ人物が重複して発言することで発言主の実数を誤認しがちではあるが、実際は調査対象（＝人口）の2％に満たないマイノリティだということだ。

加えて保守、保守本流を自認する人々の多くは、ネット右翼と呼ばれる人々を決して好感を持って受け入れているわけではなく、どちらかと言えば嫌悪や侮蔑、「ネット右翼をもって保守を語られたくない」「まして一緒になんて絶対にされたくない」という感覚を持っているということも知った（最もわかりやすかったのは、保守サイドの歴史学者である倉山満の著書〈資料D〉のネット右翼批判だ）。

あまり想像したこともなかったが、それはまあ、そうなのだろう。

僕自身はどちらかと言えばリベラル寄りの思想の持ち主だと思うが、反戦思想を持っているからと言って「原理主義的な護憲主義者」とは一緒にされたくないし、原発再稼働慎重派ではあっても「関東圏は汚染して住めないみたいな非科学的なラジオフォビアの方々」とは、やっぱり一緒にしてほしくない気持ちはある。

気持ちだけではなく、これまで貧困問題にかかわる文筆活動をするうえで、国会前のデモなどで反原発や慰安婦問題にかかわるものと反貧困のプラカードがごちゃまぜにして出されることに対しては、具体的な不利益を感じていた。マイノリティだからこそ、集まって声を上げる必要性があるのはわかる。けれど、掲げるのはシングルイシュー（問題点や論点が一つ）でなければ、本来味方になってくれる人たちを取りこぼしてしまう可能性があるからだ。

では本論、ネット右翼とは何者か？「僕の思う」ではない、研究調査におけるネット右翼とは、どのように定義されているのだろう。

ネット右翼の三大標的は「朝日」「民主党」「韓国」

ネット右翼の定義については資料によって様々な基準があるが、最もシンプルに感じたのは、〈資料B〉の中で紹介されていた大阪大学大学院人間科学研究科准教授による「計量調査から見る『ネット右翼』のプロファイル」だった。

この調査では、ネット右翼の基準として、

①中国と韓国への排外的態度
②保守的・愛国的政治志向の強さ
③政治や社会問題に関するネット上での意見発信・議論への参加経験

の三つの条件を満たす者と定義した。

そのうえで、2014年段階の調査で、これら条件を満たす者＝ネット右翼の割合を全標本中の1・8％（ネット利用者全般における1％未満）と結論。さらに②の保守や愛国的志向はないが、嫌韓嫌中でネット上での意見発信活動がある者を「オンライン排外主義者」、またSNS等での情報発信がない者を「非ネット排外層」と分類した。

では、この基準に僕の父を照らし合わせたらどうだろう。振り返って考えれば、父は「非ネット排外層」に位置することとなる。

なぜなら父は、Twitter や Facebook 等にアカウントを持ちはしていたが、そこで何か言説を発信した形跡がないからだ。父はインターネットを自身の情報発信や意見表明を含めた「双方向の情報交流メディア」ではなく、単に「情報収集のためのメディア」、そして知人との手紙や電話代わりの「連絡ツール」としてしか活用していない層だった。まあ、そもそもが戦中生まれである。父の世代の大多数にとってのインターネットとは、このようなものではないか。

だが、この基準をもって「父はネット右翼でなかった」とするのは早計だろう。なぜなら、少なくとも事実、父はネット上の右傾コンテンツを視聴し、情報源とし、そこでしか使われないヘイトスラングを僕の目の前で口にしていた。恐らく一般的に「父親がネット右翼化している」と感じるには、基準の①と②を満たし、さらに「家族に対して政治や社会問題に対する意見発信」をしていれば（ましてヘイトスラングまで交えていたら）、もう十分だろう。

調査ではネット右翼の持つ社会的影響力（主にフェイク情報の拡散力）が問題であると考えて、基準③を定義に加えたのだろうが、やはり視点を社会ではなく「家族にとって」とした場合は、基準が変わってくるように思える。

次に、〈資料D〉では、ネット右翼に共通する価値観として、ネット右翼の三大標的は「朝日新聞と民主党と韓国である」と一刀両断している。

この基準だと、あからさまな朝日批判、民主党議員への批判、嫌韓発言をしていた父は、まさしくネット右翼的価値観を備えていたことになる。

なんだ。やっぱり父はネット右翼だったのか、と腑に落ちかけもする。が、やはりこれだけでは、前章まで行ったり来たりの思考を繰り返したように、結局僕の中で釈然としないまま残っている多くの疑問を解消できない。

もっともっと、多くの判断基準が必要だ。

「ネット右翼」以前に「保守」だったのかすら怪しい

改めて腰を据えて資料を読み込む中で、いくつか判断に使えそうなシンプルな基準が見えてきた。例えば先ほど紹介した〈資料B〉の調査で、②の「保守的・愛国的政治志向の強さ」を判断するために用いられた設問だ。その設問は、

・**靖国神社公式参拝の是非**
・**憲法9条の改正の是非**
・**公教育の場における国旗掲揚・国歌斉唱の是非**
・**愛国心や国民の責務について戦後教育を見直すべきか**

の四つだった。

おお。なるほど。こうして文字面で見ることで、改めて父とは何者だったかを再考するうえで、想起のとっかかりを得ることができる。

まず靖国については、父から発言を聞いたことがある。首相が公式参拝するかの「是非は別にして」、中韓から「とやかく言われることではない」。さらに「千鳥ヶ淵（戦没者墓苑）にも行けばいい」といったことを口にしていた。

一方で9条。ネット右翼言説の本丸にも思える「平和憲法の改憲」に絡む発言を、僕は父から聞いた記憶が一切ない。よくよく振り返ってみて我ながら驚いたが、本当に一切聞いた記憶がないのだ。改憲支持なのか護憲なのかもそうだが、そもそも日本の武装非武装、核配備問題等々、あらゆる「平和の維持」にかかわるテーマを父は口に出さなかった。

唯一、関連テーマとも思われる田母神論文（2008年／日中戦争は侵略戦争ではない、政府は集団的自衛権を容認すべしといった内容で、「真の近現代史観」懸賞論文第一回最優秀藤誠志賞を受賞）や、田母神俊雄氏自身については、「面白い奴が出てきた」と言いながらも、「受賞基準がわからん」「論文としては体を成していない」「マスコミはなんでも文化人にしてしまう」なんてことも付け加えていた記憶がある。

残りの二つについては、論外だ。

国旗にせよ国歌にせよ、父がそれを重視するはずがない。愛国心とか国民の義務とか、父は権力を持つ側が人に何かを強制することを徹底的に拒むパーソナリティの持ち主だったと思うし、やはり係る発言に記憶はない。もちろん旗日に我が家の軒先で日の丸がはためいていた記憶もない。「日の丸のデザインは悪くない」と言っていた記憶や、旭日旗のルーツについての発言はあったかな……。

こうして照らし合わせてみると、どうだろう。父はネット右翼だったかどうか以前に、保守だったのかすら、大いに怪しくなってきた。

なるほど、どんどん父の像が明瞭になってきた気がする。やはり、既にこの世を去って確認のしようがない人物の信条を検証するには、細かい判断指標で過去の言動を検討していくしかないのだろう。

ようやく定めた基準

こうして複数の資料本に提示される判断指標に一つひとつ父の言動を照らし合わせていくのは非常に骨の折れる作業だったが、そんな中で「おそらくこれがいちばん使える」と感じたのは、「日本人価値観調査」（２０１９年／山猫総合研究所）の結果を分析した〈資料C〉だ。

この調査の主目的はネット右翼の正体を顕《あき》らかにすることではなく、「日本人がどのような価値観やイデオロギーで分断・対立しているかの解明」にある。だが、その簡易版である「あなたの価値観診断テスト」の質問項目を見るだけでも、一気に判断基準が広がる＝かつての父を思い起こすトリガーがどんどん立ち上がってくるのを感じた。

あなたの価値観診断テスト

■外交及び安全保障についてお聞きします。下記のそれぞれの主張についてお考えに当てはまるものをお答えください。

・日米同盟をもっと強化すべきだ
・今後、日本の防衛予算はもっと増やすべきだ
・中国は領土的野心を持っていると思う
・日本は将来的に、核保有を目指すべきだ
・韓国に対しては歴史問題で妥協すべきではない
・憲法九条一項二項は維持したうえで自衛隊を明記する憲法改正案に賛成だ
・集団的自衛権の行使が一部容認されたことに賛成だ
・国際社会での活動のために自衛隊を積極的に活用すべきだ
・テロ対策の強化のために国による監視を強めるべきだ

■経済問題についてお聞きします。下記のそれぞれの主張についてお考えに当て

はまるものをお答えください。

・多少の格差を生んでも、経済成長は大事だ
・公共事業はもっと減らすべきだ
・株価が上がるのはいいことだ
・民間にできることは民間に任せていくべきだ
・これ以上高額所得者の所得税の税率を上げるべきではない
・福祉をこれ以上充実させるなら増税すべきだ
・法人税をこれ以上上げるべきではない
・自由貿易には賛成だ
・生活保護等の貧困対策にこれ以上予算を使うべきでない

■社会問題についてお聞きします。下記のそれぞれの主張についてお考えに当てはまるものをお答えください。

・夫婦別姓に反対だ
・同性愛者を特別扱いすべきではない

・日本の伝統行事をもっと大事にすべきだ
・外国人労働者の受け入れ拡大には反対だ
・外国人観光客はこれ以上増やすべきではない
・国会議員の一定割合を女性とする制度の導入には反対だ
・親のしつけの一環として多少の体罰はやむを得ない

（『日本の分断』28〜31ページより抜粋引用）

設問で問われているのは、

①外交安保においてリアリスト（**脅威思想**）**かリベラル**（**護憲・非武装・反省的歴史観**）**か**
②経済面で保守（**成長優先**）**かリベラル**（**分配優先**）**か**
③社会課題について保守（**国家・伝統主義**）**かリベラル**（**個人・自由主義**）**か**

シンプルにこの三つの軸で価値観を判断し、三つのうちのいずれか二軸を用いた座標分布のどこに調査対象者が位置するのか、著名な言論人や社会のマジョリティはどこに分布するのかといった分析をしていくのが、この研究の目的だ。

こうして分析してみると、意外や意外、結論としては日本人は国民においても政党においても、言われるほどに（海外と比較しても）分断されておらず、唯一大きく政党間の対立軸があるとすれば、それは外交安保についての価値観に集中しているというのが、〈資料C〉の著者である三浦瑠麗氏の評価となっている。

他方、74ページで僕は、ネット右翼について『思想が一つのセットの中』に納まって、多様性が完全に失われている」と表現したが、三浦氏はもっとわかりやすい言葉で「価値観の定食メニュー化」という表現を使う。正直、〈資料C〉で掲げられる意見を含めて三浦氏の日々の言説には首をかしげることも少なくないのだが、この表現ばかりは「ああ、それそれ！」となった。

つまり、主菜が和食なら、必ずご飯とみそ汁。調味料はケチャップではなく醬油。鰻《うなぎ》には肝吸いであって、ここにシチューは決してつかないという、お定まりのセットメニュー化だ。

政権批判をする者がいれば即反日扱いし、国籍を疑う。原発反対派（エネルギー政策はリベラル）だけど憲法については改憲を支持する（防衛政策は保守）なんてことは絶対になくて、原発容認&改憲は必ずセット。そんな感じで価値観や思想が「定食メニュー化」している。

これこそが、まさにネット右翼と感じる人たちの、僕が最も苦手とする属性だった。

では、父もやはり、価値観の定食メニュー化が進行していたのだろうか？

三浦氏の論では、諸外国（特に分断が進む米国）と比較して日本ではこの定食メニュー化が顕著には進んでおらず、対立らしい対立がないことで価値観のブラッシュアップがなされないことが問題だそう。この「分断が足りない」の文脈を家族の中にまで持ち込むのは全く勘弁なのだが、核心は社会がどうかではなく、この評価軸において「僕の父の価値観はどの位置にあったのか」だ。

だが……。

改めてこうして多数の判断項目を前に、個々の記憶を辿っていくことで見えてきたのは、父の言説は「定食メニュー化」どころか、あらゆる項目においてブレブレだということなのだった。

嫌韓嫌中以上に「白人国家嫌い」

ここからは、伴侶である母、そして姉や姪（父にとっては娘と孫）の声もヒアリングしながら、事実確認を進めていった。

まず母に真っ先に確認したのは、父の死後2ヵ月で書いた寄稿（18～31ページ）で僕の立てた推論の確認。父が「失われた日本」への慕情と喪失感を抱える中で、「古き良き日本を奪われた」という感情を抱えていたのではないかという点について。これは、すんなりと回答を得られた。

初耳だったが、母曰《いわ》く生前の父は、会社勤めをしていた頃から、半ば本気で「リタイア後は台湾かタイに移住したい」と願っていたという。その理由は、「昔の日本と同じ空気が残っているから」。確かに父は、現役時代もリタイア後も、台湾を何度も訪れていた。

となれば、これは記事に書いた通りだ。純朴さと猥雑《わいざつ》さの同居する「赤ちょうちんの薄暗い灯りのともるような」古き良き日本像に、父が憧憬を募らせていたことは間違いない。いかにも僕の知る父らしい。

一応は僕も息子。おそらく、こうしたポイントで父の価値観を読み違えはしない。

では立ち戻って、前出の価値観調査の一軸目である「外交・安保について」はどうだろう。

振り返ると父は、嫌韓嫌中な言説は垂れ流していたものの、現実的・軍事的な脅威として中韓及び北朝鮮などを認識している発言はなかった。姉曰く、北朝鮮については「彼らのやり口はヤクザと全く同じだ」という言い回しを繰り返していたというし、僕の記憶でも韓国の主張する歴史認識について、「しつこい」「いつまで続けるつもりだろう」「どこまで謝ればこの話を終わらせるのだろう」といった発言はあったが、あくまでそこ止まりであって、具体的に従軍慰安婦に職業性があったのか強制だったのかといったような「歴史認識そのもの」に対する発言は、家族の記憶にもない。

被災地で瓦礫《がれき》処理のボランティアに従事した経験から、自衛隊への感謝やその機動力についての高い評価や重要性についての発言はあった。けれど一方、憲法明記や海外派兵の是非、防衛予算のスケールについてもまた、父の口から聞いたことはない。

他方、日米同盟の強化などについては、口にしないどころか父は徹底して反米の姿勢と発言を貫いていたことを、改めて思い出した。父の言説には、中韓への批判以上に、産業革命以降の欧米の覇権主義（特にイギリス帝国主義）や、世界中に残るその残滓《ざんし》に対しての批判的発言が多く、嫌韓嫌中以上に「白人国家嫌い」だった。

以上を考えると、父は嫌韓嫌中である一方で領土問題などには無関心で、外交防衛問題についてリアリストでもリベラルでもなかったといえる。

経済音痴も甚だしい人

では二軸目、経済的価値観についてはどうか？　これは、さらに大きくブレる。

まず僕自身の記憶でも、母に確認を取っても、父が日本の経済情勢についての危惧や経済政策について口にしたことはなかった。父は家計の運営も母の手腕に任せっきり（昭和の夫の平均像かもしれないが）で、引退後はせっかく母が計画的に貯めていた虎の子の老後資金を「自分の分だけはさっさと使い切って」しまい（用途は留学、5ヵ国におよぶアジア諸国へのひとり旅）、あとは特に欲しいものも口にせず、清貧を気取っていたらしい。母の評価はバッサリ、「お父さんは経済とかお金のことは特に弱くて、全く頓珍漢。経済音痴も甚だしい人」というものだ。

そういえば、父は自身の知らない言葉を相手が使ったときには、知ったかぶりをせずに確認する習慣の持ち主だったが、抗がん剤治療が始まった後に父との会話の中で僕が「サプライチェーン（編集部注：日本語では「供給連鎖」。製品の原材料・部品の調達から、製造、在庫管理、配送、販売、消費まで全体の一連の流れのこと）」という言葉を言った際、「なんだそれ？」と聞き返してきた記憶もある。サプライチェーンは、今や経済安全保障を考えるうえで、欠かせないキーワード。時事ネタで新しい言葉が出てくればすぐに使いたがる傾向のあった父だから、毎日欠かさず読んでいた読売新聞の中でも「経済欄」は読み飛ばしていたのかもしれない。

末期がんの告知を受けた後、家族で伊豆高原へ最後の旅行に行った際、こんなエピソードがあったことも思い出した。

抗がん剤の副作用で味覚障害の激しかった父にとって、「美味い」と言える数少ないものの一つが日本酒だった。旅館の食卓、その日本酒を傾けながら、なぜか田中角栄の列島改造論の話になった。たぶん、伊豆縦貫道の完成に絡めて日本のインフラ整備が地方にまで普及していることについての話から、列島改造論の話題にシフトしたのだったと思う。

けれど、飲みの席で「酔った右の爺さん」とインフラ・公共事業について話せば、必ず高速道路や新幹線の整備でいかに東京が近くなったか、昔はいかにぼっとん便所が多かったか、下水道の普及を地方の人たちがどれほど望んでいたか、みたいな話題にどんどん逸れるのがお約束だ。にもかかわらず、父は全然違う方向にボールを打ち返してきた。

父は、箱根の国道1号線がかつて未舗装道で、友人たちとテントウムシ（スバル360）の中に鮨詰めになって挑んだら全然登らなかったという話や、当時西伊豆の沿岸部には自動車ではアプローチできない寒村が残っていたなどの昔話をしたのち、そもそも「アングロサクソンの国家におけるインフラは、中世の農奴からの労働力搾取や大航海時代以降の領国からの収奪によって整えられた」みたいな、父お得意の欧米覇権主義への批判へと着地したのだ。

列島改造論というテーマは、いわば保守の踏み絵とか誘導質問みたいなキーワードだと思うのだが、父の場合は経済効果とか成長戦略の話には決してならない。このエピソードを鑑みても、やはり父の中には、そもそも成長優先か分配優先かといったテーマや、それが対立軸であるという感覚すらなかったように思えてならないのだ。

父は、経済リベラルの主張する「再分配思想」へのネガティブな発言、貧困者に対する自己責任論的な発言はそれなりに頻繁に口にし、これも僕にとっては耐え難い「ネット右翼的発言」ではあったが、母によればリタイア後にタイのバンコクに旅行した際の父は、毎日欠かさず路上生活者に食べ物を恵んでいたというし（やはり初耳……）、思い起こせば富裕層への累進課税に対して「金持ちから取らないでどこから取るんだ」といった言葉を聞いた記憶もある。

これもまた、「ナマポ」を口にする人間の言動とは思えないほどブレブレだ。

やはり父が社会的困窮層を批判するような発言をした背景は、「経済政策として再分配は是か非か」といったこととは全く違う部分にあったと考えるのが妥当だろう。

男子厨房に入る

最後の軸である社会的価値観。いわば保守における家族観や民族観＝「美学」や「精神性」にかかわる評価軸。こちらに至っては、設問をかつての父と照らし合わせるほどに、価値観のブレというよりも、父の生き方そのものにずいぶんと矛盾があることが顕在化してきた。

確かに、僕自身がとてもしんどく感じたシングルマザーへの「簡単に結婚しすぎ・簡単に別れすぎ」「覚悟がない」といった父の言葉や、ゲイセクシャルの文化人や芸能人に対する批判的態度は、一見して「保守の掲げる伝統的家族観の護持側」に父が位置しているように感じさせるものだった。「だから女の脳は」みたいなジェンダー配慮を真っ向からシカトした発言も、非常に保守っぽいし、ネット右翼っぽい。

けれど、父の人生を振り返ればどうか？

まず、そもそも母と父の結婚は大学時代からの恋愛が端緒で、両親の反対を押し切っての結婚だった。その時点で、伝統的な「家制度」には反する。ジェンダーロールに関しての記憶を辿っても、子ども時代の僕が「日曜日の父」の姿として憶えているのは、早朝から台所に立って食事を作っている背中だし、

「そういえば、お父さんが台所に立ったのは在職中からだったよね。社内報に『男子厨房に入る』なんてタイトルで寄稿したのは50代の頃」

と姉。結局、引退後の父は台所に入りびたりになり、三食の炊事を自分の役割にしてしまった。

思い起こせばそれは、父が保守的な言葉を口にしだした引退直後の、ちょうどその頃。僕はそれまで5年間同棲を続けていた今の妻との結婚を前に「彼女の姓が変わることに違和感がある。結納《ゆいのう》の慣習も含めて、結婚は家の間での人身売買のように感じる」といったモヤモヤを父に告げたことがあった。

けれど、その際の父は「そもそも伝統的家族とは」みたいなことは一切語らず、「今の法律や税制上、結婚しないまま同棲を続けていると千夏ちゃん（妻）が不利になるから結婚した方がいい」といったことを返してきたではないか。

駄目押しに母からは、父が退職後に所属することになった社会福祉協議会で一緒に仕事をした地域の女性らに対して、「彼女らは非常に優秀で、会場管理などあらゆる手際がいい」と何度も何度も褒めていたというエピソードや、在職中も父は有能な女性の起用を多数行い、地域の女性支社長が総合職の女性を何人も引き連れて父を訪問し、食事会をしたことがあったというエピソードまで出てきた。

実はこの会食には姉も同席したというが、姉は「お父さんはそうやって活躍している女性たちを私に引き合わせるのがものすごく嬉しそうだった」と振り返る。

つまり、父は社会で活躍する女性に対して非常に高い評価を口にしていたということと。やはりどう振り返っても、父は保守的・伝統的家族観とは別の価値観で生きていたとしか思えないのだ。

「定食メニュー化」していなかった父の価値観

参考までに、父の過去の思想や発言を確認するために使ったチェックシート（キーワード）をここに挙げる（これらのワードについて父が口にしたことや、関連することで何を語ったかを家族から聞き取った）。

■父の価値観再確認事項

・朝日新聞
・安倍晋三
・石原慎太郎
・百田尚樹
・原発

・共産党
・日教組
・法人税、累進課税
・生活保護、ベーシックインカム
・公共事業、事業仕分け
・ＬＧＢＴＱ
・夫婦別姓
・伝統行事の重視
・歴史修正主義（新しい教科書）
・国旗、国歌
・拉致問題
・外国人労働者、参政権
・外国人観光客
・議員定数と女性
・しつけと体罰

・情報入手（テレビの視聴傾向・視聴時間・番組・放送局）
・女性と仕事（東京医科大学の入試問題）
・学術会議
・対馬、北方領土
・GHQ
・TPP（環太平洋パートナーシップ）
・反日、売国
・日本礼賛、江戸しぐさ
・台湾問題、香港問題
・ウィグル
・伊藤詩織さん
・#MeToo運動
・天皇制
・武装、防衛費、憲法9条

これらは僕の中で「父がどっち寄りだったか」わからなかったものについて、母や姉、姪の記憶にあるエピソードを想起してもらうために書き出したキーワードだが、こうしたテーマについて父が言及したシーンは非常に限定的だったというのが、家族の評価だった。

というわけで、第二の検証では見えていなかった父の像が浮かび上がってきた半面、父の価値観がネット右翼に特徴的な「定食メニュー化」はしておらず、ネット右翼の定義、保守の定義といった判断基準と比較しても、かなり統一性を欠いたバラバラな価値観を持っていたことが見えてきた。

謎はいっそう深まってしまった。

ではどうして、そんな父が、末期に明らかなネット右翼的コンテンツを僕の目の前で視聴し、その界隈でしか使わない醜いスラングを口にしたのか。

このことをいったい、どう解釈すればよいというのだろう。考えて考えて、第三の推論を立てた。

コンテンツの摂取とは、食事によく似ている

第三の推論は、こんなものだ。

①まず父は、退職した2002年前後、「何らかのモチベーション」から保守系コンテンツに触れた
②父は保守系コンテンツの中に、「部分的に共感する主張や父の気持ちを代弁する言説」を見つけた
保守系コンテンツの中に、先鋭的な嫌韓嫌中思想が入り混じるようになっていく中、そこで使われるスラングもまた、父の日常言語に交じるようになった
③もしかしたら、リタイア後に大きく広がった人間関係の中で、そうしたスラング交じりの言葉で話せる同世代の仲間がいたのかもしれない(この疑惑はまだ残る)

問題は、②の「保守系コンテンツの中に、『部分的に共感する主張や父の気持ちを代弁する言説』を見つけた」という部分だ。

僕自身、文筆業として、常に読者を想定してコンテンツを発信しているが、そのうえで常々感じているのは、「コンテンツの摂取とは、食事によく似ている」ということだ。基本的に読者・視聴者は、食べたいもの、食べて美味しいものを摂取するという、快楽原則に基づいてコンテンツを消費している。

具体的にその快楽とは、

・自分の知りたい分野で、新しい知識を得る興奮
・自分が思いもしなかった新たな価値観を知る驚き
・自身の秘めた情動を代弁、言語化してくれるような言説を知る喜び
・自分でも知らなかった自分自身の本音が発見できる驚き
・自分だけがその志向を抱えていたわけではないと知る安堵

このように、コンテンツは何らかの喜びやポジティブな反応に基づいて消費されるし、著者や編集者はターゲットとする読者にこのような情動をどうやって起こすかを考えつつ文章を組み立てる（それに成功するかどうかは別にして）。

そして、これら消費者の反応の中でも、特に大きいのが、自身が内に秘めていた情動を「代弁・言語化」してもらうことで得られる快楽なのだ。

検証した結果、父の発言は非常にネット右翼的だったものの、価値観そのものが全面的にネット右翼的だったわけではないことがわかった。であれば、それでもその界隈のコンテンツを消費した背景には、やはりそこに部分的であったとしても父の主義信条に合致していたり、知識欲を揺り動かされたり、「内なる情動」を代弁・言語化してくれたりするような内容があったからと考えるのが妥当だ。

ではいったい、それは具体的にどんな言説だったのだろう。

ここまで、いくつもの評価軸に沿って父を掘り下げてきたものの、掘れば掘るほど、父という人物像を見失っていった感がある。ネット右翼だったかどうかという以前に、掘り下げるほどに痛感したのは、僕は父をあまりに知らなすぎる。いや、父たち世代の男性を知らなすぎるということだった。

父よ、あなたは何の共感を持って、何を求めて、「WiLL」や「月刊Hanada」を読み、「チャンネル桜」を観ていたのか？　そこに、何の喜びがあったのか？

父の主義信条は、どんなものだったのだろう。僕自身も、姉も姪も、たぶん長年連れ添った母ですら知らぬであろう幼き日の父のルーツから辿ってみたい。父の育った時代背景というものもまた、知ってみたい。

そう願って僕は、父の弟である叔父のもとを訪ねた。

第四章　証言

積極的日和見《ひよりみ》主義だった父

「左翼にあらずんば人でなし。そんな中で、高校時代のアニキは孤立していた」

連れ合いとふたりで静かに暮らす陽当たりのいいマンションの窓辺で、慎重に慎重に言葉を選ぶタイプの叔父が放った言葉に、返すべき言葉がしばらく見つからなかった。叔父は長年学習塾を経営し、その時代時代の子どもに合わせて価値観を刷新してきた非常に柔軟な人物。これまでも、僕の人生の要所要所で貴重なアドバイスを与えてくれた人物である。

「デイリー新潮」への寄稿で触れた通り、父のルーツは戦時疎開と、終戦とともに移住した名古屋は天白区にあった戦災復興住宅から始まる。4歳年下の弟（叔父）と4歳年上の姉と7歳年上の兄に挟まれ、勤め人家庭の次男坊として父は育った。

8歳までを復興住宅で過ごしたのち、一家は父親の転勤のため東京の品川区中延《なかのぶ》に転居。4年間東京で暮らした後、小学6年生から中学2年生までは秋田県に。再び東京へ戻ると、当時国内屈指の進学校で、東大現役合格者数でも上位に君臨し続けていた都立S高校へ入学したという。

転勤の多い勤め人に、家族が連れ添って全国を転々とする。当時の典型的なサラリーマン一家だったと言っていいだろう。

その後、父は一浪して私大御三家のうちの一校に進学し、そこで知り合った母と結婚することになるわけだが、「孤立していた」という言葉は、僕の知る父とは一致しない。

4歳年下だった叔父の印象では、高校に入学するまでの少年期の父は、朗らかで人を笑わせるのが好きで、周囲に必ず友達がいたという。大学進学後に交際を開始した母も、非常に社交的な人物として父を語る。僕自身が知る父も、「孤立していた」という言葉とはどうにも結びつかない。

にもかかわらず、父の高校時代は孤独だったと、叔父は言うのだ。

「世の中全体もそうだったけど、当時のS高校っていうのは、左翼的であることが当たり前って風潮だった。共産党の上田（耕一郎）や不破（哲三）がOBだったこともあってね。それで、アニキが高校3年生のとき、おふくろが家に帰ってきて『あたしは今年の受験は諦めた』って、ボソッと言うんだよ。というのも、おふくろが渋谷の映画館に入ったら、アニキがぼーっとしてスクリーンを眺めてたって言うんだよね。実際その年にアニキは受験失敗したわけなんだけど、毎年東大100人以上っていう学校の中で、アニキは落ちこぼれていたのかもしれないな」

単に勉強で追いつけないのではなく、父が最もついていけなかったのは、「左翼にあらずんば……」の校風だったようだと叔父は言う。

子ども時代の父はとにかく好奇心旺盛で面白いものが好きで、鉱物にハマるや学校の資料室から黄銅鉱やら紫水晶を持って帰っては叔父に見せ、次は生物、飽きたら天文学と、興味のおもむくままに学びを深めるタイプだったという。それは確かに、僕の知る父の姿からも想像がつくものだ。けれど、そんな父は、当時隆盛を極めた学生運動、左翼運動には、決して迎合しなかった。

「かといって右に与《くみ》することも絶対ない。当時日和見主義って言葉があったけど、アニキは『積極的日和見』だったな」

叔父の言う日和見とは、場面で与する勢力を選択する機会主義者ではなく、積極的な「ノンポリティカル」のことだろう。改めて、当時の父の立場に立って考えてみて、慄然とした。

なぜならそれは、あの父ならば当然のことだからだ。

検証の中で触れたように、父は相当に天邪鬼《あまのじゃく》でへそ曲がりだ。父の最もわかりやすい信条は、流行り物や「みんなが良いというもの」に唯々諾々と従うことを良しとしないこと。正しいかどうかは、「みんながどうかではなく、自分で考え自分で選べ」。それは家訓なのか遺伝なのか、僕自身にも刷り込まれている。

けれど、その精神性をもって安保闘争前夜から渦中を生きたとき、父の目に左翼はどのように映ったか。「左にあらずんば人でなし」の感覚は、右を攻撃するのみならず、中道＝日和見であることも批判と攻撃の対象になるということ。それがあの父の目にどう映ったかだ。

「正義に対する反感だな。右は馬鹿だ、左は正義だ。それと皇国史観と、どう違うのさ。だって、一つの観点以外を排除するわけでしょ。そうしたものには、対する反発も出てくる。少なくとも右にも左にも肩入れする気にはなれない。右翼左翼日和見の中でも、積極的な日和見ってね」

淡々と話す叔父の声から、時代のリアリティが立ち昇ってくる気がした。改めてその時代を生きた父の立場になって考えたとき、やっと気づいた。

「人にあらず」、すなわち同じ方向を見ていない他者の価値観をすべて排除する。それが当時の左派だったとするなら、自身の知的好奇心の向くままに動き、大勢に迎合せずを信条とする若者が、その世界をどう感じたか。父が反発し、孤立したのも当然なのだ。

父の目から見た当時の左翼は、現代の僕がネット右翼に感じるのと何ら変わらない、「思想が一つのセットの中に納まって多様性を完全に失った人々」であり「価値観の取り合わせが定食メニュー化している人たち」だった。だからこそ、父は「そもそも左翼的なものが丸っと嫌い」だったわけだ。

ちなみに第三章で参照した〈資料B〉『ネット右翼とは何か』での調査結果においても、ネット右翼の傾向として「具体的な政策を問題にするというより、『サヨク』的なもの全般を敵視する傾向がある。つまり、政策で支持／不支持を決めているのではなく、『サヨク』的なものが嫌いという感情が先に立っているのではないかと考えられるのである」と言及されていた。この点で父は非常にネット右翼に親和的な価値観を持っていたことになるわけだが、叔父の言葉で、ようやくその背後が見えた気がした。

朝日新聞嫌いは「商業左翼だったから」

さらに叔父の指摘は、「その後の左翼」の商業化に及んだ。

1960～1970年代の闘争が当時多くの学生にとっては「お祭り」であり、「参加しているとモテる」レベルの文脈だったことは、散々指摘されてきたことだ。僕自身もかつて雑誌への寄稿が多かった時代、学生運動の背後で葬り去られた性暴力について取材をする中で、某大の学生会館の雨樋《あまどい》がコンドームで詰まって溢れたなんて逸話や「モテたければ学生運動という時代だった」といった証言を聞いて、ゲンナリした記憶がある。その世代から聞く学生運動に参加していた人々の属性を現代に置き換えれば、それはハロウィンに渋谷駅前に集まるパリピ（パーティピープル）に等しいのかもしれない。

けれど叔父は、たとえパリピではなく本気の「信念左翼」であったとしても、その後の彼らが信念を貫けなかった理由として、卒業と同時にお祭りが終わったことに加え「左では徹底的に食えなかったから」、すなわち思想と経済性の両立が困難だったことを挙げる。

叔父の語る、左翼を貫いた結果、最高学府OBにもかかわらず最期は生活保護を受けながらひっそりとこの世を去ったという友人の話。信念左翼を隠して大手企業に就職するも、在職中にポロッと信条を漏らしたがゆえに「出世の道が閉ざされた」友人等々。

叔父が見てきたという「食えない左翼像」は、父もまた働く中で見てきたものだったろうか。

そしてそんな述懐の中、叔父は父の朝日新聞嫌いについて、「それは朝日が商業左翼だったたからだろう」と一刀両断した。

実は102〜104ページのチェックシートを前に母と話す中で、「お父さんが朝日新聞嫌いなのは、大介が言う、お父さんの言葉が保守化するよりもずっと前からのことだったよ」と聞いて、これまた父の像がブレる大きな要素になっていた。

若い頃から朝日新聞嫌いだったという父は、やはりもともと保守に寄った人間だったのか。保守的なメディアに触れていったのも、やはりそれが理由なのか。そのように混乱したのだが、叔父の言葉によって、やっと答えが見つかった気がした。

第一に、信条的には左翼でも、それを社会生活を送るうえで表面に出しては食っていけなかったという層が父たちの世代にどれほどいたのかはわからないが、その内心を代弁することをビジネスモデルとしたのが朝日新聞だとすれば、近年のネット右翼的雑誌と構造的には大差ない。

第二に、第三章で挙げた〈資料D〉『保守とネトウヨの近現代史』では、戦後政権はずっと保守だった半面、言論界の圧倒的マジョリティはずっとリベラル側にあり続けたといった指摘をしているが、圧倒的な主流派ゆえに「大きな権威」と「それに伴う金」が集中したのが朝日というメディアだったのも、また一つの現実だろう。

いずれも、父の価値観なら嫌うに十分な理由である。

好奇心旺盛で多様性を重視する父だったからこそ、当時の左翼が内包する排除的な風潮や「圧倒的正義」みたいなものに、反感を覚えた。そして、時代の流れの中で商業化・権威化していくリベラルメディアにも、強いアレルギーを起こした。

母によれば、若い頃からポストに共産党のチラシが入っていると、目を決して通さず、力を込めて丸めて捨てる父だったという。

こうなると、前章で立ち上がった、「ネット右翼的コンテンツの中に、父の内なる情動を代弁・言語化した何かがあった」の答えが見えてくる。

「そもそも左翼的なものが全般的に嫌い」なのがネット右翼の共通点であるというのは、参考資料の複数に書かれていること。

一億総左翼といってもいい時代の中で、積極的日和見の立場を取った父の中に「左翼アレルギー・朝日アレルギー」のようなものがあったなら、まずその時点で左派や朝日信者を嘲弄するような文脈の多いネット右翼的なコンテンツに父が共感を寄せたとしても、それはなんら不思議ではない。

いわば、僕の父世代において、左翼アレルギーだったり朝日アレルギーだったりするのは、本人が保守であるかネット右翼であるかといった価値観とは全く別のマター。混乱の原因はここにあったわけだ。

もちろん、実際に朝日が商業左翼だとか、当時の学生運動がそこまで排他的だったかの検証は別問題だが、あくまで僕の父がその時代をどう生きてどのような価値観を築いてきたのかについては、僕の中で、やっと切り分けが一つできた。むしろ遺伝なのか教育なのか父同様のへそ曲がりである僕が、父と同じ時代に生まれたら、やっぱり父と同じように「左翼は嫌い」「朝日は嫌い」になっていても、全然おかしくなさそうだ。

「三国人」はとても日常的な言葉だった

では次に、ネット右翼の核でもある「嫌韓嫌中」についてはどうだろう。父がネットスラングを含めて嫌韓嫌中の価値観に迎合する言説を続けていたことには、どんな背景があったのか。ここも大きな混乱のポイントだった。「嫌韓」の父がハングルの合理性に感心し、「嫌中」の父がわざわざ昆明まで語学留学などするだろうか？　という謎だ。

そもそも父は、戦災孤児に施しを続けた実母に誇りを持っていたように、差別を憎むパーソナリティだったはず。僕が子どもの頃には、家に朝鮮民族の貧困のさまを描いた児童文学『ユンボギの日記』（太平出版社・1965年）があって、「食うに困らない日本が当たり前ではない」「食うに困る者に目を向けろ」といった話をされた記憶もある。

そんな父が「三国人といって何が悪い」と発したのはなぜか。僕の前でこの発言をしたタイミングが退職前後（2002年頃）だったことを思うと、この言葉が当時都知事だった故石原慎太郎氏の「三国人発言問題」（2000年に石原氏が自衛隊練馬駐屯地の記念式典で「不法入国した三国人」と発言したことに端を発する論争）を受けてのものなのは間違いない。

この問いについて叔父がまず挙げたのは、僕の世代と父や叔父の世代の間に横たわる、「当事者との距離感の違い」「言葉の意味するものの違い」だった。

父と叔父が幼かった頃に過ごした東京都品川区や目黒区は、当時小さな河川に小屋掛けをした朝鮮人部落がいくつか存在していたという。そうした環境の中で、在日朝鮮人との距離感は非常に近かったと言うのだ。

「近所に朝鮮部落が昭和50年（1975）近くまであったな。今は壊して超高層マンションだけど、僕らにとって三国人はとても日常的な言葉だったな。でも下に見下しての差別とかじゃない。怖いし、敵わないっていう、自虐的ニュアンスがあったと思うよ。敗戦国民としての惧《おそ》れだな。君たちの考える三国人とはずいぶん違うだろう」

確かに1973年生まれの僕が三国人という言葉に初めて触れたのは二十歳を過ぎてからのことで、言葉そのものは完全に死語だったし、知った時点では既に差別的語句という認識があった。

いわゆる「在日」との接点についても、叔父の言う通り、彼ら世代と僕とでは、明らかにリアリティが違う。

育ったエリアや環境もあるだろうが、千葉のベッドタウンでのんびり育った僕の10代では、日本に住む韓国ルーツ、中国ルーツの人々とのリアルな接点は希薄で、伝聞が主なものだった。

例えば、地域の朝鮮人学校があったエリアがラビリンス（夜間にオートバイに乗って入ると無傷で出てこれない迷宮だという都市伝説）として語られ、日本に引き揚げた中国残留孤児が集住する公営団地付近の中学校ＯＢが県内屈指の武闘派暴走族のコアメンバーになっている等といった、主に不良界隈の真偽不明な伝聞だ。

一方で、リアルな接点としては在日ルーツのごく親しい友人もいたが、彼などはいたって普通の音楽オタクで、そのルーツがどうこうといったことで彼を見たことがなかったし、敢えて本人もそれを語ろうとはしなかった。

確かに叔父の言うように、「当事者との距離感」は世代間で大きなギャップがありそうだ。

加えて、叔父の話を聞きつつかつての父の言動を思い起こす中で、ハッと気づくことがあった。

それは、我々の世代と叔父や父たちとの世代には、「世界の中で、日本をどこに据えているか」という視点に、少なからぬギャップがあるのではないかということだ。

アメリカ出張で「日本人差別」に直面した可能性

ここまで何度か触れているが、嫌韓中にかかわるスラングを口にしたりコンテンツを消費したりしだしたのは、当初僕が想定していたよりもかなり早い時期。姪の証言によれば嫌韓スラングである「火病《ファビョ》る」を父が初めて使ったのは、東日本大震災直後の2013年前後で、それを排外主義的な若者が中心に使うネットスラングだと思っていた姪は少々面食らったという。

けれど注目すべきは、そういう嫌韓嫌中の発言が始まる遥か前から、父の発言には「反米」や「反アングロサクソン（反白人国家）」を感じられるものが多かったということだ。

母に確認すると、開口一番、「お父さんはアメリカもイギリスも、すごい嫌っていたねえ」と返ってきた。

「だから私が一緒にヨーロッパ旅行に行きたいってずっと言い続けても、なかなか腰が上がらなかったし、行くとしてもハンガリーとかだったでしょ？」

とはいえ、父と母のなれそめは、そもそも大学の「英語会」だったはず。その頃の父が「反米反英」だったとは思えない。ではいつから?

母が記憶を辿ると、おそらくそれは1970年代に父がアメリカ出張した頃からではないか、という目安が見えてきた。

「出張したばかりの頃のお父さんは、ここはものすごい国だ! ものすごく大きな国だ! なんて興奮した手紙も書いてきたんだけどね」と母。確かに僕がまだ小学校に上がる前、父からサンフランシスコのケーブルカーを写した絵葉書が送られてきた記憶がぼんやりある。

だけど、そうやって意気揚々と出張した父は、とても傷ついた様子で帰ってきて、アメリカで何があったのか一切語らなかったのだそうだ。母は「人種差別的な意味でつらい思いをしたのかもしれないな」と言う。

もし当時のビジネス出張でよくあったと聞かれる日本人差別に父が直面したのであれば、それこそ子ども時代に疎開や戦災復興住宅での生活といったリアルな敗戦経験のある父は、どんな感情を抱いただろう。

韓国も中国も「国民が嫌いじゃなく、国（政体）が嫌い」

こうして、父のルーツや発言、そしてかつて家にあった蔵書などから立ち上がってきた新たな視点が「父は世界の中で日本をどこに据えていたのか」ということだったのだ。

父はハングルを学んで興味深いと語り、発言の端々に中国の故事を引用し、台湾をはじめとする東アジア各国、いわば「箸食文化圏」の伝統や風俗を非常に好んだ。一方で、僕が幼い頃から父がたびたび口にしていたのは、カトラリー食文化圏（ナイフ&フォークの文化圏＝主にキリスト教文化圏）への批判だ。

それこそ父は、紀行番組の「世界の車窓から」で欧州の広大な草原や見事な穀倉地帯の映像を見て、「こんなに平らなのは不自然。これは農奴が開墾しなければ森林だった場所だ」と忌々しい口調で語ることもあった。

そんな生前の父から感じられたのは、強い親アジア思想と、パン・アジア主義（アジア全域が欧米列強の侵略に対抗し、植民地からの独立を目指す思想）だ。

これらを総合すると、ようやく父の視点が見えてくる。

世界の中で日本は言うまでもなくアジア圏の一員。そして「アジア対欧米」というポジションで考えれば、隣国韓国とは兄弟でありたかった。だからハングルを学びもする。一方で中国はアジア文化のルーツともいえる伝統を持つ。だから引退後真っ先に語学留学をした。

父の理想は、「お箸の国で仲良くしよう」。

このお箸の文化圏への強い親和感情が父にあったことは、母も姉も大いに納得だった。

けれど現実はどうか。いちばん手を組みたい隣国の政策は、ナショナリズムが色濃く、反日教育を進め、差し伸べた握手の手をはねのけたり、噛みついたりする。憧れの文化的ルーツだった中国の伝統や思想は共産党政権の下で完全否定され、恐ろしい勢いで失われ、変貌した中国は今や経済による新たな覇権主義の担い手だ。

仲良くしたいのに、「仲良くできない勢力が率いている」から、仲良くできない。

このジレンマこそが、父が晩年に嫌韓嫌中コンテンツの中に、共感を見出した部分ではないかと思うのだ。父は決して韓国や中国の国民を嫌ってはいなかったが、その「政体」については、確実にヘイトしていた。

ではこれは、父世代に共通するものなのか？　同じ世代を同じ家で生きてきた叔父もまた、韓国についても中国についても「国民が嫌いじゃなく、国（政体）が嫌い」と言い切った。

「韓国についてはソウルオリンピックのときに、親韓と反韓の本を合わせて60冊ぐらい読んで、これは仲良くできないなと、そう思った。中国は、今の中国は私も嫌いだよ。子どもの頃は大人になったら中国人になりたいってぐらい好きだった。夢は四川で麻婆豆腐。大草原の風を馬上で感じたい。けれど今の中国の政権はトランプと同じぐらい嫌い。でも、それを右翼だって言われたらさ、違うだろってならないか?」

まるで父自身に言われたような気がした。


叔父のこうした話から改めて感じるのは、やはり「世界の中の日本の位置づけ」についての世代間ギャップだ。

果たしてこの感覚が僕の世代に共通するものなのかはわからないが、僕は明治以降から昭和初期にかけての日本の芸術や文化に触れると、洋の東西を問わず、日本と諸外国との接点が非常に濃厚だったことに驚く。

音楽、文学、芸術作品、建築物や家具の造形に至るまで、維新以降・敗戦以前の日本人は驚くほど海外に出て交流し、その文化を自国に取り入れていた。それは「モダン」の文脈で、様々な創造物の中に見てとれる。

一方、高度成長後に生まれた僕らの接してきたカルチャーの方が、日本独自色が強く、日本国内で完結しているような「鎖国」を感じさせるものが多かった。

戦前までのカラーを引き継ぐ父たち世代と比較すると、「国際文化色」という面では世代を重ねるごとに劣化しているのを感じるのだ。

ビジネスの分野でグローバリズムが頻々と語られるようになったのは1990年代からだが、昭和初期生まれの父たちには、それ以前の、現代とは異なったグローバル感（パン・アジア観）があったように思う。その感覚の中、「仲間」としてアジアに期待し、期待していたからこそ、その期待を裏切る隣国の政体への失望や反感がいや増した。

確かに叔父の言うように、「これを右翼と言われたら……」である。これは、僕らの世代のネット右翼が語る、「日本の政体転覆を狙う反日工作」とか「領土的野心」への警戒感といったところからくる嫌韓嫌中とは、明らかに違う文脈だろう。

だからこそ父は、頻繁に嫌韓嫌中発言を繰り返しながらも、竹島や尖閣《せんかく》諸島問題には触れなかったし、中韓の問題（特に対中国の問題）を9条や日本の再軍備などの論題と絡めて語らなかった。

これも納得がいく。

社会的弱者にリアルで会ったことがない

では、シングルマザーや生活保護受給者に対する自己責任論や、生活保護受給者を批判する文脈で「ナマポ」という差別的スラングを使ったこと、発達特性などについて「なんでも障害のせいにする」「なんでも病気のせいにする」といった、社会的弱者に対して攻撃的で無理解な発言をしたことについてはどうだろう。

こうした論題もまた、ネット右翼の発言に特徴的なものだし、そのベースには社会保障費の圧縮、再分配より経済発展優先といった保守的な経済政策や、優生思想があるのは言うまでもない。

だが、そうした発言をする一方、家族からは、父が地元で障害者を受け容れている介護事業所主催の授産品バザーに頻繁に足を運び、作業する当事者や支援するスタッフに対して賛辞の言葉を常々口にしていたというエピソードも聞いた。間違いなく、父は弱者に対しての配慮がない人間ではなかったはずだ。にもかかわらず、口にされた弱者差別の言葉の数々。この乖離たるや、いったいどういうことだろう？

実は、このテーマに関しては、家族らから聞き取る以前に、僕自身の中にあらかじめ一つの答えが用意できていた。それは、僕自身が社会的弱者や障害を持つ人々を対象にした取材活動をしていた時期の経験から得たものだ。

まず、父に限らず、人はその当事者を目の前にしない限り、その人の抱える困難について想像力を働かせることができないということ。そして社会的困窮者やマイノリティな人々は、多くの一般市民にとって、「リアルにその当事者に会ったことがない」人たちだということ。最後に、自身が困難を乗り越えた経験のある者は、その経験を基準に「他者も乗り越えられる」と誤認することだ。

好例かどうかわからないが、十数年前、とあるリベラル雑誌（定期刊行物では最も左寄りと言ってよい）が「子どもの貧困問題」を取り上げたところ、高齢リベラル層の読者からクレームの声が多数届いたという話を聞いたことがある。

「学生運動から始まり、労働者の権利や差別の撤廃、格差の解消や市民の平等といったもののために自分たちが戦い続けてきて、かつ高度成長を支えて働き続けた結果、飢え死にする国民のいない日本にすることができた。そうやって自分たちが育て上げてきた日本に、今さら子どもの貧困なんかあってたまるか」

クレームはそんな論調だったと聞いて、非常にゲンナリした。それは「この人らには、見えていないのか……」というゲンナリだ。

現代は格差社会という言葉が浸透しきったが、社会的困窮・貧困状態にあるナマの当事者に接すれば、格差なんて何も今に始まったことじゃないことなど、嫌というほどわかる。

実際僕自身も、取材の中で、性風俗で不安定な生計を立てている女性の母親や祖母も夜の世界の女性だったり、曾祖母まで辿れば「パンパンガール」（戦後の公娼）だったなんて話に複数出合い、当初はそのつどこれが本当に日本の話かと感じた。生活保護受給者を集住させる囲い屋に住む高齢の元ヤクザに出自を聞いたら、元は戦災孤児上がりの愚連隊だったと聞いた。障害を抱えながら売春で生計を立てる女性の親もまた障害当事者だったなんてケースに行き合うことも、一度や二度ではなかった。

そんな中でようやく見えてきたのが、貧しさや生きづらさは世代間で連鎖し、その当事者は父たちの世代でも間違いなくいたはずだということ。日本には高度成長期やバブル期であっても、そこから抜け出せない困窮者が厳然として存在していたということだった。

単にそれを多くの人が、「目の前で見たことがなかっただけ」。

そして平等に見える日本の市民生活にも不明瞭ながら階層（住み分け）があって、多くの市民は自分の属する階層以外の市民を見る機会がなかっただけなのだ（むしろ近寄ってはならないという教育を受けてきたか？）。

駄目押しが、「自身の乗り越えた苦境は他者も乗り越えることができる」という誤認だ。これは、国民のほとんどが飢えていた時代を乗り越えた経験のある父たち世代にとりわけ強いものだと思う。「貧しかったのは、僕らも同じだ」「みんな貧しい中から立ち上がり、頑張って今の日本を築いた」「スタートラインは同じで、チャンスは皆に平等にあった」「だから、今貧しいか貧しくないかは、努力をしたかしないかの結果に過ぎない」という誤認。これは父たち世代にとりわけ色濃い自己責任論のソースだろう。

第三章で見た〈資料C〉『日本の分断』でも、「一般的に、国の制度に頼る前にまずは自助努力が大事だ」との設問に、肯定する人の割合は実に74％、70歳以上では80％を超えるという調査結果があった。

誤認とするのは、スタートラインは決して平等なんかではないし、同じ努力が結果に結びつくかどうかは育った家庭や地域といった環境要因・個人の持つ資産や資源次第で大きく変わるのが、現実だからだ。

では、これらを父に置き換えてみたらどうだろうか。

「みんなつらい、俺だって乗り越えた」誤認からの自己責任論

父の生い立ちは、子どもの頃こそ貧しくて土壁に穴の開いた復興住宅からスタートしたかもしれないが、高校にも大学にも進学し、一部上場企業に辿り着く。そんな彼には、間違いなく「世代間をまたぐ貧困の当事者」を目の前にして深く交流した経験はなかっただろう。これはもう、間違いない。父は当事者を知らない。

さらに、母の言によれば、父は僕の思うような安泰なサラリーマン生活を送ったわけではなく、仕事上で挫折を乗り越えたり、困難と闘ったりした経験があったという。

父が大学卒業後に勤めたのは損保業界だったが、損保の花形は何といっても営業部。父も営業部で身を粉にして働いたが、30代で精根尽き果てて自ら部署変更を希望した過去があったというのだ。

当時のサラリーマン感覚で言えば、それは出世街道からの脱落宣言。完全なる挫折だったという。

それは僕がまだ小さかった頃のこと。確かに僕の中にも、いつもは家にいないはずの父が突然暗い部屋の中で平日の昼から布団を敷いて倒れていたという、胸が妙にざわつく記憶がある。母は「当時のお父さんは、寝ていても頭の中に数字が舞うと言っていた」と話してくれた。

さらに父は少々過敏なたちでもあり、満員電車に揺られて片道2時間近くという毎日の通勤の中、列車内での過敏性大腸炎（突然の激しい下痢）に悩まされた時期もあったという。その頃の父は、通勤で使う路線の全部の駅のどこにトイレがあるかを把握して、いざというときに備えていたというのだ。

父が会社勤めにそれほどつらい思いをしていたことを僕は知らなかったけれど、実はこの駅トイレ完全マスターのエピソードは、僕も晩年の父から聞いていた。

「そうか、おとんも頑張ったんだね、つらかったんだね」と言いたいところだったが、残念ながら父はこの逸話を「何でもかんでもブラックだとかハラスメントだとか、昨今のサラリーマンは甘えている」といった話の流れで、「みんなつらい、俺だって乗り越えた」という文脈で話したものだから、やっぱり僕は口をつぐむしかなかった。

やはり父は当事者を知らず、想像できず、なおかつ「俺が乗り越えることのできたものは他者にも乗り越えられる」とする典型的な誤認パターンから、自己責任論に至ったのだろう。

だがここで、さらなる視点を提供してくれたのは、姉や、その娘である姪の証言だった。

当事者の姉の前で「うっかり」シングルマザーをバッシング

僕の姉は離婚を経験し、まだ5歳だった一人娘（姪）を連れて父と母の住む実家のすぐそばに戻ってきた過去がある。それは父の退職後のことだから、父と姪が家庭で過ごした時間は、実の子どもである僕や姉よりも、はるかに長い。

今は立派に成人した姪だが、彼女は幼き日にこんな記憶があるという。

父の偏向発言の多くが「テレビの報道番組に向けられたもの」だったことは前述したが、あるときテレビの報道番組でシングルマザーの経済的困窮について取り上げられたのを見ながら、父がバッシング発言をしたというのだ。

シングルマザーは覚悟が足りない。みんな頑張っている中で甘えがある等々。よりによって父は、目の前にまさにシングルマザー当事者である姉がいるにもかかわらず、それを言ったらしい。これにはさすがに姉も怒って激しく抗議したらしいが、そのときの記憶を姪はこう語る（あまりに激高したためか、姉自身にはこのときの記憶がないという）。

「おじいちゃん（父）は、お母さん（姉）が目の前にいるのに気づいてないみたいな感じだったのかな。お母さんが怒って初めてハッとしたって感じだった。うっかりミスったような感じだったかもしれない」

バチンとパズルが合った気がした。

父は、シングルマザーとして文字通り身を削るようにして子育てをしている姉を目の前にして、シングルマザー批判をした。姪曰く「うっかり」と。この状況に説明をつけられるのは、一つの解釈だけだ。

この時期、父は既に保守系のコンテンツに触れ始めていたはずだが、シングルマザーにせよ生活保護受給者にせよ、父が自己責任論を発していた対象は、「そのコンテンツの中で批判されているシングルマザー・生活保護受給者」であって、リアルに顔の見える当事者に対してではなかったのではないか？

つまり、父は明確な当事者像を持たないまま、なんとなく自分の世代感にフィットする（俺らは乗り越えてきた）攻撃の言説をコピーしていただけではないかということだ。

ちなみに父は、文筆業として雑誌寄稿や書籍執筆で糊口《ここう》をしのぐ息子の前で「マスゴミ」の言葉を使ったことも何度かあった。正直これには僕も傷ついた。僕も大手メディアには批判的な部分が多いが、父のマスゴミの言葉は、「マス」ではないにせよメディアの片隅に生きている僕自身までゴミ扱いするように感じられたからだ。

けれど父は、日の前にいる息子が、父の脳内に想定されているマスゴミ人に関連があることに気づかず、それこそ姪の言うような「うっかりミス」でその発言をしたのかもしれない。

ナマポ発言についても同様。僕は社会的困窮者をターゲットにしたルポを書いてきたが、その息子を前にして生活保護受給者をナマポと称する、その許しがたい差別発言を容易に口にするからには「父は僕の本なんか一冊も読んでいないに違いない」と思ったものだ。

が、母によれば父はきちんと僕の本を読み、友人たちに紹介したりもしていたという。

これもまた、僕が執筆したリアルな生活困窮者と、父の想定する保守的コンテンツに描かれているナマポ＝不正受給者が、合致していなかったに違いない。

やっと見えてきた。

「弱きを援《たす》け」を絶対的な是にしていたはずの父からこぼれ出た自己責任論については、先に述べた「アンチ左翼・アンチ商業左翼」や「パン・アジア観を持つがゆえの嫌韓嫌中（体制批判）」とは、少々事情が違いそうだ。

アンチ左翼や嫌韓嫌中はもともと父の中にそうした言説への共感の種があって、それを理由に保守的コンテンツを受け入れていった。

一方、社会的弱者へのヘイトについては、父にはリアルな弱者との接点が希薄であったことが主因。父は不正受給をする生活保護受給者と接したこともなければ、安易な考えで結婚と離婚を経てシングルマザーになった当事者と話したことなどもないにもかかわらず、保守的コンテンツに触れ続ける中で「その中に含まれる仮想のバッシング対象やターゲットの不明瞭な自己責任論」が父の中に立ち上がった（染まった）とみるのが、正解だと思う。

だからこそ、父が口にしたシングルマザーや貧困者・障害者などの社会的弱者へのバッシング発言にはリアリティがなく、保守的言説であれば本来それに伴うはずの再分配政策への批判等の経済絡みのワードがほぼ含まれていなかったし、同様に保守的言説の核心の一つである家族主義も含まれなかった。

父が持ち合わせていた弱者に向ける目は変わらず、言動のみが摂取したメディアによって変節した。これならば、腑に落ちる。

腑に落ちると同時に、腹の底に鉛の塊が膨れ上がってくるような重苦しい気持ちにさいなまれるようになった。

検証を重ね、徐々に父の実像がリアリティを伴って見えてきた結果、その父は僕の思うような「醜いネット右翼」ではなかったとして、ハイ良かったねとは絶対に言えない。なぜなら僕はその父をネット右翼と決めつけ、既に看取った後だったからだ。

けれど、一度は開けたこのパンドラの箱。きちんと底まで見なければならない。最後に残る砦《とりで》は、父の女性蔑視、ジェンダーや性的マイノリティについての無配慮な発言や、昨今の保守界隈では9条と並ぶ改憲テーマ（24条）になっている「伝統的家族観」

についてだ。

価値観のブラッシュアップができない

料理好きで台所を自らのテリトリーとし、会社では女性総合職の登用を積極的に行っていた父。「女が四年制大学なんか通ってたら行き遅れる」の言説が堂々とまかり通っていた時代に、大学で知り合った母と結婚した父。その後も自宅で英語の個人教室を開いて、毎日地域の中高生の指導に当たっていた母に文句一つ言ったことがない父。

姉と僕を育てながら、月曜から土曜まで夕方以降はみっちり授業を組んで教室を開いていた母だったから、我が家は夕方になれば生徒たちのために玄関のカギを開け放ち、仕事から帰宅した父は、母の教室が終わるまで待つのが日常だった。

「そういうことには何一つ文句を言われたことなかったねえ。教室が終わって居間に戻ってきたときに、私の顔をまじまじ見て、『その仕事が合ってるんだねえ』って言ってくれたこともあったよ」と母。

そんな、生まれ育った時代を考えればかなりフェミニストな男性だったように見える父が、どうして晩節は「女だてらに」「所詮女の脳は」「女の分際で」「女三人寄れば姦しい」といった言葉を日々口にし、テレビの女性議員に毒づき続けたのか？

母によれば、父は観光地の土産物屋で、いわゆる「おねえ言葉」を使う性的マイノリティ当事者がいただけですぐに店を飛び出して、「僕はああいう人たち、苦手なんだよな」と生理的嫌悪を露わにしたこともあったという。

父に見られた女性蔑視や性的マイノリティに対する無配慮は、改めて振り返ってもやはり非常にネット右翼的というか、保守的カラーを濃厚に感じる。

このポイントについては、最後までずいぶんと混乱した。

まず必要だったのは、こうした女性蔑視のエピソードから、前段の「シングルマザーへのバッシング」を切り分けることだった。父のシングルマザー自己責任論は、前述したように明らかに保守的コンテンツから借りてきたような言説が多く、その理由は同じく前段の解釈＝「父は仮想敵を撃っていた」で理解できる。

けれど、その他の女性蔑視的な言説については、どうにも腑に落ちるポイントがないのだ。

奇しくも安倍晋三氏の死去によって、自民党議員の組織的支持層だった宗教団体が、伝統的家族観への回帰を推進し、女性の自由な人権やジェンダーの多様性に対する大きな抵抗勢力であることが一気に語られるようになった。こうした保守政党と宗教右派の親和性の高さは日本に限らず、米国の共和党を同じく伝統的家族観を掲げるエヴァンジェリカル（キリスト教福音派）が支持し、中絶禁止法のゴリ押しなど明らかに女性の人権と生命を脅かす勢力として存在感を増してきたのと同じ文脈だ。

ということで、一度はもともとフェミニストだった父が保守雑誌などで取り上げられることの多いこうした伝統的家族観への回帰論等に毒されて変節したのではないかとも思い、主に第三章で参照した〈資料E〉『右派はなぜ家族に介入したがるのか』を用いて、その根拠となる憲法24条改正の議論でどんな主張と問題点があるのかを掘り下げもした。が、核心に至るものはなかった。

確かに生前の父には体罰の部分的容認とか倫理・道徳教育といった点で「借りてきたような発言」はあったし、姉からは、父の生前、「ニッポン礼賛読本」としてネット右翼層からも大変支持の高かった『国家の品格』（藤原正彦著、新潮新書）を父の書斎で目にしたと聞いた。父が日本の伝統を美徳とするコンテンツに触れていたことは間違いないだろう。

けれど一方で、父の女性蔑視的、ジェンダー的に無配慮な発言からは、嫌韓嫌中や社会的弱者への自己責任論で感じたような「どこかのコンテンツから借りてきたようなコピペ感」を感じることはなかった。どう記憶を掘り起こしても、父から「伝統的・封建的家制度への回帰」といった保守ど真ん中の論題を感じさせる発言を聞いた覚えがない。だいたい父は、僕と妻が結婚の時点で子どもを作らない選択をした、すなわち「嫡子がいない」ということについてすら、ただのひとことも口にしたことはないし、態度を見せたこともない。

ではなぜ？

理解ができず悶々《もんもん》と自問自答を繰り返したこのテーマだが、父が亡くなった後に、目の前でその答えを見せてくれる出来事があった。

「女性がたくさん入っている理事会は時間がかかります」

これは森喜朗元首相が日本オリンピック委員会の会議で口にした女性蔑視発言で、この発言が原因となって森氏は東京五輪組織委員会会長の座を去ることとなったが、この発言を報道で目にした瞬間、「あ、これこそ父が言いかねなかった発言だ」と思った。

日本がジェンダーギャップ指数で主要先進国最下位レベルから抜け出せず、男女不平等へのカウンターが吹き荒れるこの時流の中、どうしてその発言がNGだってことがわからないのか。いまだ政策決定の場に携わる人の数ですら不平等を解消できていない状況で「女は議論に加わるな」と言わんばかりの蔑視ど真ん中発言を、どうして平然と口にできるのか。

まずは呆れと怒りで目の前が白くなるようなショックを受けた。が、しばし気持ちが落ち着くのを待ってから問題発言の前後を動画で確認すると、森氏は評議会の議論に入るにあたって、場を和ませるための「サービストーク」としてこの問題発言をさらっと口にしていた。

1970年代生まれの僕が感じたのは、「あ、これは今では絶対許されないけれど、ほんの十数年前なら全く問題にならなかったやつだ」ということだ。

いや、もちろん昔から許されてはいなかったのだけど、「当時の社会通念上」（嫌な言葉ではあるが）、それはサービストークとしてまかり通っていた言い回しだった。

叔父がヒアリング中にこぼしたひとことが刺さった。

「あのなあ、大ちゃん。世代と年代は、切り分けて考えてくれないか」

これは、三国人という言葉の捉え方や、パン・アジア主義をベースにした嫌韓嫌中感情のように世代ごとに一定の価値観があるのとは別に、「年代によって人は価値観のブラッシュアップができなくなる」ことについてのひとことだった。

父世代の「古いフェミニズム」の呪縛

「難しい文章がどんどん読みにくくなる。新しい考えがなかなか頭に入ってこなくなる。世の中はどんどん変わっていく。老いるということは、新しい情報を得て理解して取り入れる機能そのものが低下すること。それが70代なんだ」

そう叔父は言った。それが、世代とは別の「年代」という問題であり、その二つは切り分けて問題を精査してほしいと叔父は言うのだ。

前述したように、叔父は長年子どもに携わる仕事の中で柔軟な価値観を維持し続けてきた人物だ。本の虫であり、父同様にジャンルを問わずにあらゆる書物に手を伸ばす人でもあった。その叔父の口から、「難しい文章」だとか「新しいことが頭に入らない」などという言葉が出るとは思いもしなかったし、それに続いて出た「わかってくれよ」という言葉に「懇願」の色が滲んでいたことが、深く深く印象に残った。

なるほど、それが年代の問題＝「老いること」なのだろう。

森発言の背後にあったのも、やはりその「老い」なのは明白だと思う。

確かに僕には、批判を浴びて開き直る森氏の背後に、「うろたえるおじいちゃんの顔」が見えた。もちろん、森氏には過去のやらかしも散々あるし、その立場は「老いて価値観の刷新ができなかった」という言い訳が通用しないものだし、失言騒動を機会に価値観の刷新をする気があるか、開き直るかはまた別問題だ。けれどやはり、そこには「これが許されない理由がわからないんだよ」という戸惑いが感じ取れたのだ。

間違いない。父は、古いタイプのフェミニスト男だったが、老いの中で現代感覚を失ったにすぎない。それは「年代」によるもの。女性蔑視発言だけでなく、ジェンダー問題全般に無配慮な発言が多かったのも、これが原因だと推論していいと思う。

では、切り分けたもう一方である「世代」についてはどうか。ここに注目することで立ち上がるのは、父や父たちの世代にとってのフェミニズム＝「古いフェミニズム」が、実は彼らの呪縛になっているのでないかという視点だ。

これは、僕自身も昭和生まれでその空気の中で育ったから、ちょっとはわかる。古きフェミニスト男のフェミとは「男は逞《たくま》しく強く、弱き女性を守る」という騎士道精神的なものに立脚していた。もちろんそれは、ある程度現代でも通用する感覚ではある。なぜなら、平均的に、そして物理的に、身体能力（筋力）の面で女性は男性よりも「安全性の低い世界」で生きているから。当然、その安全性の確保が社会の最優先課題なのだが、それが現代に至ってなお未達である以上、様々な場面で女性の安全性を確保する義務を負うのが、相対的に見て安全な側にいる男性だからだ。

だが、この「弱き女性像」の拡大解釈こそが、父たち世代の呪縛だともいえる。それは、筋力といった身体格差の面だけでなく、地位でも発言力でも暴力を伴わない論争力でも、「女は静かに慎ましくあれ」という呪いだ。もう、現代的には全然ダメなのだが、60年、70年とその文脈の中で生きてきて、晩年の10年ほどでそれが呪いだと気づいて「改宗」するのは、やはり相当に困難なのだろう。世代の問題と年代の問題がオーバーラップしているのが、父や森氏だったわけだ。

10年前なら許されたことが、今は許されない。そういうことが一気に増えてきたにもかかわらず、ジェンダー的な価値観の刷新が非常に難しい背後には、この「男たるもの・女たるもの」の呪縛が確実にある。

これが答えだろう。父がヘイトしたのは女性全体ではなく、古きフェミ男子的に守る対象として認識しがたい「声の大きな女性・やかましい女性」だったのだ。だからこそ、「芯は強くとも出過ぎることのない、有能な女性」の登用には積極的だったのだろう。

古い記憶をよみがえらせれば、故土井たか子氏に対して「マドンナって顔じゃないよ」みたいな、フェミ的にもルッキズム（外見で人に価値づけをすること）的にも完全アウトな発言もあった。優に20年以上昔の記憶、それこそ、父が職場で女性総合職を積極登用していたと思われる時期の発言だ。父はその頃から一貫して、現代基準で言えば女性蔑視だったし、当時基準ではフェミ男子だったのだと思う。

改めて、父が毒を吐いていたのは「父の中で容認しがたい女性像」に対してだけだった。だから父は女性蔑視と感じられる発言をしながらも、保守的論題である伝統的家族観への回帰といった文脈での発言はしなかった。道徳教育等について少々保守系メディアから借りてきたような発言があったのもまた、それこそコンテンツの中に父自身の価値観と共通する言説が部分的にあったのだろう。教育基本法界隈と憲法24条改憲界隈の論題は混同しがちだが、やはりジェンダー的に無配慮な発言などにおいても、父がネット右翼的に一色に染まった価値観から発言したわけではないことが見えてきた。

最後に姉からは、父の性的マイノリティに対する無配慮な発言には、価値観のブラッシュアップが難しくなっていたことに加えて、「世間で騒がれている流行りごとが嫌い」という父のパーソナリティも関係あるのではないかという指摘があった。なるほど、確かにそれは父らしい。フェミもＬＧＢＴＱも全く「流行りごと」ではなく時代の重要課題なのだが、それを流行りごとと捉えてしまうというのは、これまた「年代の問題」だろう。

これであれば、やっと、やっとのこと、腑に落ちた実感がある。

「ネット右翼＝ミソジニストでありチャイルドポルノ肯定者」というバイアス

なお、父の女性蔑視発言について検証をする過程で、僕の中にも新たな、そしてむしろ父の言葉の解釈よりもずっと重要な気づきがあった。それは、ネット右翼に対して、僕の中には「過剰に女性差別主義者と紐《ひも》づいたイメージ」があり、その点からネット右翼を必要以上に激しい憎悪の対象としていたということだ。

実は父の晩節とは、僕自身がミサンドリー（男性嫌悪）を激しく拗《こじ》らせていた時期でもあった。

#MeTooムーブメント（社会生活の中で日常的に起きてきた性暴力やハラスメントに対し、「私も被害当事者である」と声を上げる動き）や石川優実さんの#KuToo運動（#MeTooを受け、働く女性が企業からルールとしてハイヒールやパンプスを強要されることに声を上げた日本国内のムーブメント。旗手となった石川優実さんは、2019年、BBCの選出する「100人の女性」のひとりになった）といった、第四波フェミニズムが台頭した2010年代末期。僕の考えるネット右翼像の中に、「フェミサイド（女性であることを理由にした殺人から転じて、SNS上でフェミニストに過剰な攻撃を加えるクラスター）的志向」が明確に加わった。

それはSNS上で、活動的なフェミニストに批判的で、論争を吹っ掛けたりヘイトや嫌がらせを吐いたりするミソジニー（女性嫌悪・蔑視）なアカウントを辿ると、同様に中韓へのヘイトや社会的弱者に対して攻撃的な発言を繰り返していたり、さらに伝統的家族観への肯定発言が目立ったり、フォロー先に保守系文化人が並んでいたりすることが多かったからだ。

実際、こうして原稿を整理している今、Twitterで「反日　フェミ」を検索すると、数時間前の投稿で「あの〜なんでフェミって揃いも揃って『反日』なんでしょうね」という笑えるぐらいネット右翼的な投稿を確認。ネット右翼とミソジニスト（女性蔑視主義者）、ネット右翼とアンチフェミの紐づけは、あながち間違いではないようにも感じる。だが、改めて僕自身のこの嫌悪感の原点を手繰ると、それは想像以上に根深く、僕がネット右翼の存在をぼんやり認識し始めた2000年代中盤まで遡ることになる。

その当時、彼らが頻繁に発言を引用する2ちゃんねる系キュレーションサイトやリンク先サイトでは、「二次エロ系ゲーム／コミック」（二次元キャラクターによるアダルトコンテンツ）のバナー広告が異様に多かった。思い返しても、それは心底不快なものだった。明らかに幼女、ローティーンを描いたように見える「萌え絵」に、強制性交や痴漢、小児性愛を想起させる文字が躍り蠢《うごめ》く気色の悪いGIF画像の数々……。

ネット右翼的な投稿のリンクを踏めば、必ずそうした不快な広告が否応なく目に飛び込む体験を重ね、さらにここ数年のネット右翼属性と思われる人々の激しいフェミバッシングを見る中で、僕の中では「ネット右翼＝ミソジニストでありチャイルドポルノ肯定者」という、少々行き過ぎたバイアスが強く立ち上がったわけだ。

第三波までのフェミニズムには、1990年代のライオットガール（フェミニズムを基調としたパンク音楽のムーブメント）がかすった程度で特に感応しなかった僕だが、それから15年以上を経て訪れた第四波では大いに自分の中で価値観の変容があったし、それに呼応するように拗らせた僕のミサンドリー（男性嫌悪）は、かなり激しいものだったと思う。

かなりの期間にわたって、僕は男でありながら男の性が、性加害に無意識なコンテンツのすべてが、片っ端から受け入れられなくなった。

ＳＮＳやYouTubeなどの視聴中に、「少女と肌の露出」を想起させる広告を少しでも見かければ、片っ端からブロックして不快広告として運営者に通告した。敬愛する手塚治虫作品の中でも最も好きだった『アドルフに告ぐ』を読み返そうとして、序盤で主人公が亡き弟の恋人を強姦するシーンがあることに気づくと、作品そのものが激しく劣化したように感じ、その後を読み通す気力を失ってしまった。アニメやドラマで「台所で働く妻とテーブルで新聞を読むだけの夫」の姿を見るだけで、やはりその姿にイライラし、制作者との価値観の差にがっかりする始末……。

人は自身の中で価値観の大きな変容が起きたとき、新たに「それは過ちだった」と気づいたものに対して、怒りや大きな情動を覚えることが多い。かつて無自覚だった自身への自戒と同時に、旧来の価値観のままでいる者への過剰に強い批判の感情が湧き上がり、それがある程度落ち着くまでには、少々時間を要するものだ。

なによりキツかった母への無配慮

そしてそんな中、毎月の通院に付き添い続けた父の晩年、僕にとって最も身近で、「最も空気のように女性蔑視発言を放つ旧弊な男」が、まさに我が父だったのだ。

「だから女は」「所詮女の脳は」。母に対してではなくとも、その女性である母の耳に届く距離でそう呟く父。もう僕は発作的に込み上げる嫌悪の感情に翻弄されて、黙り込むしかなかった。

あと何ヵ月共に過ごせるかもわからない母に、どうしてもっと優しくできないのか。なぜ、蔑み、攻撃する女性の中に母も含まれることがわからないのか。「従容と逝きたい」などと言うのなら、なぜ限られた最期のときを最愛の妻と穏やかに迎えようとしないのか。

思えばもともと父とフラットなコミュニケーションは取れなかった僕だが、そんな僕が最終的に父に対して心を閉ざしたのは、やはりこの時期。その最大の理由が、単なる女性蔑視発言だけでなく、そこに含まれる母に対しての心ない言動、残される妻へのねぎらいや感謝の言葉のなさや会話の少なさ、母の問いかけに応えず無視すること、いらだちをストレートに母にぶつけることへの嫌悪だった。

父を目の前にして、こう言ってしまったこともある。

「こうして毎月検査通院に付き添うのは、おかんを支えるためだから」

確かに僕が父の通院を毎度送り迎えしたのは、主治医の口からいつかは出ることとなる「抗がん剤が効かなくなってきた」「腫瘍マーカーにいよいよ悪化が見られてきた」といった言葉を、母ひとりでは聞かせたくなかったから。いずれ訪れるその日を、母とふたりで受け止めたかったからである。ショックを受けた母に、父が傷つけるような言動をするかもしれないし、その瞬間を父と母のふたりだけにしたくないという気持ちもあった。

「あんたのためじゃない」

そう言ったに等しい僕の言葉を前に、父はその理由を問わなかったし、僕も母への態度が許しがたいということを口にしなかった。けれどあの日、限られた時間を生きていた父は、息子からの激しい拒絶にも受け取れるその言葉を、どのように感じたろう……。

だが、この冷え冷えとした記憶、よくよく冷静になって俯瞰して考えてみれば、これは明らかに僕の側に視点のゆがみがある。

前述のような理由で、僕はネット右翼とミソジニストを濃厚に紐づけてしまい、ネット右翼の定食メニュー的価値観の中にアンチフェミニズムもあるように規定した。姉曰く、僕は若い頃から、「そうした言動をする人間は、こっちのタイプの人間だろう」と決めつけがちだったというが、全く否定できない。

だが、父の言葉に女性差別的な発言が含まれたのは、既に検証してきたように父が古きフェミ男子だったこと、年齢的な問題で価値観の刷新ができなかったということで、十分理由がつく。

確かにそうなのだろう。父について、母は常に「本当に自由にさせてもらった。あれをするな、これをするなといったことは一切言われずに、私は本当に自由だったよ」と、しみじみ振り返る。

繰り返すが、父は古いフェミ男子だった。にもかかわらず、僕はそうした父の発言の一つひとつに過激に反応し、「父はネット右翼的だ」とする素材とし、フェミサイドに明け暮れるネット右翼への激しい憎しみを父に対してまで向けていたのだ。

これればかりはもう、亡き父に謝罪の言葉しかない。

「共犯」ではなかった父の友たち

紆余曲折したが、叔父を含む家族への聞き取りによる検証は、以上で完了した。

では、最後の検証。家族の外側での父は、どうだったのかだ。

僕は検証の前段階で、父が保守的発言をするようになった時期が、退職後、大学時代の同級生と旧交を温めたり、地域での活動の中で新たな交友関係を結んだりした時期だったことから、父の口にするヘイトスラングが「父たち世代の日常会話の中に含まれる」もので、その中で偏向した思想の先鋭化、いわゆるエコーチェンバーを起こしたのではないかという「同世代コミュニティ共犯説」を立てたが、その真偽の検証が残っている。

最後の最後の確認として、父の大学時代からの親友であり、地域活動も共に行い、震災後の被災地支援でも父と共に現地に駆けつけたというSさんにお話を伺った。

父に思想の偏向を促したのは、「あなたたち」同世代コミュニティだったのではないか？

思えばあまりにも不躾《ぶしつけ》な疑惑を投げかけることができたのは、この時点で僕自身、この疑惑が的外れであることにある程度気づいていたからだが、Sさんはわざわざ僕の実家を訪ねてくれたうえで、穏やかな声で、こう答えてくれた。

「ひとことも、聞いたことがなかったね」

父が僕の目の前で口にした七つのヘイトスラング（54〜55ページ）のリストを見て、Sさんは即答した。仲間内で父がそうしたスラングを口にするのを聞いたことがないし、Sさん自身、そうしたスラングが存在することも、その意味もほとんど知らないというのだ。

「大学の同窓会にしても、そこで、こんなような話（政治がらみの話）は、ほとんどありえない。そんなことを話して盛り上がったり、話が通じるような人はほとんどいないよね」

実は、Sさんと父の共通する知人の中には、現役時代に保守系の新聞社にお勤めだった方がいて、地域で同じく保守系メディアの論説員を招いた講演会などを主催した方もいる。熱心に地域活動をするなかなかの人格者らしいのだが、当初の僕は「この人は少々疑惑あり」などと思っていた。が、それも的外れだった。

「そうだね。あの人もそんなこと言うような人ではないね。保守本流だから」

保守の本流が何かは別にして、つまりその人物にとっては、「新進のネット右翼など保守ではない、一緒にするな」と唾棄する対象。やはり、その人物と父との間でエコーチェンバーが起きるなんて、とうてい考え難いというのだ。

加えてSさんが指摘したのは、父の嫌韓発言について。Sさんや父の世代では、中韓、特に在日朝鮮人との間に、ビジネス上のリアルな接点と問題があったということだ。

「我々の時代はね、(育ったのが主に)終戦直後ですよね。昭和29年(1954)に中学1年。でも、それまでは差別だとか一切知らないし、わからなかったよ。中国人のことはチャンコロ、女性は姑娘《クーニャン》とかね、戦後しばらくは今でいえば差別的で排他的な言葉を日常的に聞いて育ってきたけど、そこに良いか悪いかの価値基準はなく、使うのに不自然でもなかった。差別の感情もなかったと思うよ。当時、国粋主義の学生が渋谷や三軒茶屋で朝鮮人学校の学生を見るとコテンパンに叩いてるなんて話を聞いて、ひでえことするなって思ってたし、オヤジが理由を言わないけど、近寄っちゃいけないなんていう場所があって、それもどういうことなのか、よくわかってなかった」

その場所とは、在日朝鮮人の集住区だろうが、それに対して排除的だったのはあくまでSさんの親世代であり、子ども時代のSさんにはそこに特段の感情はなかったという。

そうした在日外国人の存在についてリアルに感じるようになったのは、Sさんが大学を卒業してメーカーに勤めるようになり、30代で関西の支社に移って月賦の不良債権回収などを担当するようになってからだ。

「揉《も》めるんですよ。焦げ付いた案件が回ってくると、李さんとかキムさんとかね。圧倒的に多くて、またかってね」

これは、叔父が指摘した「当事者との距離感の違い」の再確認でもあった。実は、父の嫌韓感情について「仕事の上で在日朝鮮人と軋轢《あつれき》があったのでは?」という推測は、叔父への聞き取りの中でも指摘を受けていたのだ。

父はずっと損保業界に勤めていたが、戦後の損保業界では在日朝鮮人による保険料の不正請求事案があり、その対処に苦悩したことも嫌韓感情の根底にあったのではないかというのだ。

「お父さんも、ずいぶん苦労したんじゃないかな。だからね、ヘイトっていうのとはちょっと違う。単純にもう、嫌なんだよ我々は、中国朝鮮が。商売でいい加減、そういうことがあったからね」

Sさんの言葉には、憎悪とは全く違う、リアリティを伴った辟易の感情が滲んでいた。戦後、国内のビジネスシーンで、企業と在日外国人との間に様々な軋轢があったのは、彼らにとってのリアルな記憶だ。僕自身もかつて記者としての取材活動の中で、昭和時代に横行した在日外国人による企業恐喝のケースを、実際に恐喝したサイドの当事者から聞き及んだことが何度もある。

それはもちろん、朝鮮人だから、中国人だからという話ではない。そこに加害性があったとしても、それは実際に彼らが日本社会の中で差別され人権を軽視されてきた結果として立ち上がった加害性だ。ずっと叩かれてきた人間が叩き返した部分にだけフォーカスする理不尽は、あってはならないことだと僕は思う。

だが、我々の世代と父たちの世代には大きな違いがあることをSさんの言葉から実感した。それは、仕事の中でリアルな体験として在日外国人との軋轢を経験したかしていないかの差。その距離感やリアリティは、我々世代とは別物と言ってもよいだろう。

「だからね、違うと思うよ。ネット右翼だとか過激な排外主義者だとかね、そういうのじゃなかったよ、君のお父さんは」

君のお父さんは、決して変節などしていなかった。晩年の10年間を父と密接に過ごしてくれたSさんは、その10年の間「君のお父さんはずっと昔と変わらないままの男だった」と、穏やかに、けれども強く繰り返した。

親友だった父の尊厳を守るようにSさんの言った言葉が、僕の耳に残った。

アレルギーを超えたアナフィラキシー

ようやく、答え合わせが終わった。

シンプルな回答に至るまで、こんなにも内省や検証を重ねなければならなかったことに、正直情けなさも感じるが、それほど僕が父に対して抱えていた気持ちは、絡み合った知恵の輪のような状況だったのだ。

結論はこうだ。

・父はネット右翼ではなく、保守ですらなく、自身の面白いと思うもの、好奇心が湧くものを何でも取り入れる、多様性のあるパーソナリティの持ち主だった
・一億総左翼の時代に青春時代を過ごした父にとって、左翼こそ「価値観が定食メニ

ュー化した人々」であり、権威であり、「左翼的なものが嫌い」「朝日新聞嫌い」といった志向が生まれた

・嫌韓については、父が育った当時、働いて社会生活を送る中で、リアルに経験したであろう在日外国人との軋轢も無視できない

・保守的・ネット右翼的なコンテンツへの接点は、「左翼的なもの全般への批判感情」に加え、「お箸の文化圏vs.欧米覇権主義」といったパン・アジア主義的な世界観を持つ中で、「仲間であるべきなのに手を振り払うアジア＝中韓の政体」への批判感情から

・右傾したコンテンツに触れる中で、シングルマザーや生活困窮者といった弱者への自己責任論について「架空の当事者像」を立ち上げ、「借りてきたようなヘイト言説」やスラングも取り入れ、日常生活で口にするように

・ジェンダーを中心に「差別発言の幅」が広がる中、価値観のブラッシュアップができないという、年代(高齢)の問題も背景にあった

これが、晩節の父が偏向発言を口にし続けた、大まかな流れだと思う。

深い穴の縁に立ち、その底を覗き終えた。父は決してわかりやすく価値観の多様性を失ったネット右翼ではなかったし、保守ですらなかった。父は部分的にそれらの志向を持ちながらも、リベラルな部分もあり、むしろ経済面など音痴なジャンルもある、どこにでもいる戦中生まれのじいさんだった。

間違いない。父をネット右翼にしたのは、僕自身だったのだ。

確かに父はヘイトなネットスラングを口にし、弱者に対する無理解な発言もあった。けれど、それをもって父を多様性を喪失し「価値観が定食メニュー化した」ネット右翼だと一方的に決めつけてしまったのは、僕自身の中に「ネット右翼的なものへの嫌悪」と、ネット右翼と同一視した「女性嫌悪者」への激しい怒りがあったからだ。

父をネット右翼扱いした根底にあったのは、あくまで僕の中にあるアレルギーだった。とすれば、ネット右翼という「仮想敵」を立ててその像を父と重ね、そこに怒りを募らせていた僕は、保守系メディアから得た見えない仮想敵を撃っていた父と全く変わらない。もしかしたら父よりも僕自身の価値観の方が「定食メニュー化」していたかもしれない。

これではまるで、冤罪《えんざい》だ。

検証を進め、徐々にその確信が形成されていく中、過去の自分の致命的な誤認を直視し、消え入りたいような気持ちになった。それは、家族への聞き取りから、さらに受け容れ難い事実が見えてきたからでもある。

例えば伴侶である母を前に、父は中韓ヘイトやアンチ朝日的な言動を繰り返してはいたが、スラングにおいて母が特に記憶しているのは「火病《ファビョ》る」程度。検証に協力してもらっている間、母は父のヘイト発言を思い出しながらも、「大介の言うネット右翼という人たちとお父さんが、どうしても一致しない」と何度も首を傾げた。

姪もまた、「おじいちゃんは知ったばかりのネットスラングを口にしたいだけって感じもした。少なくともおじいちゃんは、大ちゃん（僕）がそこまでその言葉に過剰に反応するって思ってなかったんじゃないかな」と振り返る。

「むしろおじいちゃんの使うスラングは、私たちの世代の言葉に感じた。授業料無償化に『頑張って公立校行けばいいじゃないか』みたいな自己責任論はネットどっぷりじゃなくても右に偏ってなくてもむしろ私たちの世代で言う人が多いし、ナマポみたいな言葉使う同世代に『おまえそれどういうことだかわかって使ってんの』ってめっちゃ詰めると、全然わかってないで使ってるなんてこともよくある」

さらに、にわかに受け容れ難かったのは、姉によれば、父がそうしたヘイトスラングを姉に対して使った記憶は一切なく、むしろ「そうしたスラングが出るような話題」に至ることすらなかったということだ。

「おとんは大介のこと、仲間であり、家族の誰よりもいろいろなジャンルの話題が通じる相手だと思っていただろうし、筆一本で食べている、弱い人のために筆をとっている息子を誇らしく思っていたはず。おとんの口にしたスラングは、そんな誇らしい息子への語りかけと、マウンティング、ちょっと悔し紛れの『この言葉知ってる？　俺知ってるぜ？』的な感じの両方があったんじゃないのって私は思う」

だとすれば、これは悲劇だ。

なぜなら、まず姪が推測するように、父はそれらのスラングを知っていたとしても、その中にどれほど差別的な意味合いが込められているのかまでは理解していなかった節がある。さらに父の中では、そのスラングで攻撃することになる相手の実像も明確には結ばれていなかった。女性である母の前で女性蔑視発言をし、シングルマザーとして必死に姪を育てている姉の前でシングルマザーの自己責任論を口にしたようにである。

駄目押しに父は、いわばネット右翼憎悪者でありミサンドリストである息子の価値観をそこまで深くは知らず、どんな思想にアレルギーを起こすか想像もできず、ただ「その言葉の通じる相手」としてスラングを口にしたのだとしたら……。これではもう悲劇というか、皮肉に満ちた喜劇だ。

では、どうすればよかったのだろう。

「おとん、そのスラングの意味することはこういうことで、その言葉で傷つけられる相手は、こんな人たちなんだよ。心無い言葉を口にするのはやめようよ」

そんなことを言えばよかったのか？　いや、それは無理だ。

姉は父のヘイトスラングに対する僕の感情について、「大介のアレルギーは、かゆくて全身に出た蕁麻疹《じんましん》をかきむしって血が滲んでいるような状態を超えて、もはやアナフィラキシー（命にかかわる重篤なアレルギー反応）の域だった」と評したが、まさに的を射た表現だったと思う。

確かにそうだ。とにかく耳をふさぎたい、聞き流したい、何より残された時間の短い父と論争などしたくないし、母の前でそんな姿を見せたくないという気持ちで、必死にやり過ごすしかなかった。それが、当時の僕だった。

けれど、よくよく考えればそれ以前に、「うわーおとん、それアウトな発言だよ。サイテーだよ」といった感じの、深刻ではないフラットな雰囲気で父に失言を指摘することも、僕にはできなかったと思う。そうしたフラットな軽口を交わせるような関係性を、そもそも父と僕は培っていなかったからである。

「父親とフラットに軽口を交わせない」硬い関係性

「実家に帰ったら親がネット右翼みたいになっていた」「気づかぬうちに陰謀論者みたいになっていた」というエピソードは、我々世代の共通体験として定着してきた感がある。一方で、この「父親とフラットに軽口を交わせない」という緊張感を伴う硬い関係性も、父たち世代とその子世代に、ある程度共通するモヤモヤなのではないか。

僕は間に合わずに父を看取ってしまったことを悔いている。父にネット右翼の汚名と冤罪を着せたまま看取ってしまったことに、取り返しのつかないことをしてしまったことに、慄《おのの》いている。が、もし生前に「父がヘイト発言に至ったプロセスと、僕自身のアレルギー」に気づいていたとしても、この硬い関係性を打開する何かがなければ、生きているうちに言いたいことを互いに伝え合うことはできなかっただろう。

「では本当に、どうすればよかったのだろう……なぜ僕らはこうなってしまったんだろう。本当に、もう本当に、どうしようもなかったのか」

母や姉も交えて、生前の父への追想を始めた。

第五章　追想

イズム（主義）が強く、一緒に遊ぶのが苦手な人

僕が生まれたとき、父は31歳。初めての子である姉は4歳年上だから、父が27歳のときの子だったことになる。思いのほか若い。いずれもまだ営業部で挫折する前、バリバリの損保マンだった時代だ。

子どもの頃の父は、よく僕の頬を平手で強く叩いた。主に食事のマナーが悪いことや、度を超えてやかましくはしゃぎ続けたときなどに、一発頬を張られた記憶がある。二発三発と叩くことはなかったし、足蹴《あしげ》にされたこともなかったが、父は僕に対しての意思表示や僕を黙らせるための手段として、頬を強く一発叩くという手段を日常的にとった。けれど同時に、幼き日の僕には父の膝の上に乗っていた記憶も多い。叩いた後の父は、ジンジンと痛む僕の頬をベロッと舐《な》める癖があった。それは僕にとって「許されたサイン」だったが、父にとっては謝罪だったのかもしれない。

姉にも、「両手をつないで膝に上ってくるりんとするやつとか、小さい頃はずいぶん遊んでくれたよね」と、父と遊んでもらった記憶があるが、姉に対して父は一切手を上げたことがなく、それは僕の記憶にもない。そんな中、姉は父が僕を叩くことに対

して許せない、信じ難いという感情を抱き続けていたという。

父はよく、橋の欄干の傍や駅のホームの端に立つ僕の後ろにそっと近づいて、両脇を持ち上げて前方に放り出すフリをする「脅かし」をしたが、それも姉にとっては「もし手が滑ったら弟が死ぬ」という恐怖の体験だったそうだ。僕にとっては怖いと同時にスリルや面白さもある体験だったから、姉弟で感じ方が驚くほど違っていたわけだ。

普段は一方的に父が怒鳴ってその場を去るだけで、ほとんど口論しているのを見たことのない両親が揉めて、母が家を出て行ってしまったことがあった。母に聞くと、そのときの家出の理由は「子育てに非協力的だったから」だそう。母は玄関を飛び出てそのままお勝手口に回っていたらしいが、僕は父と手をつないで、満月の照らす昭和な住宅街の夜道を、母を探して歩き回った。あの夜、姉はお留守番だったか。僕には父の手と、静かな月夜の記憶しかない。

小学校に上がったとき、父は僕に小刀をプレゼントし、鉛筆の削り方を教えてくれた。小学4年生になると、小さなトランジスタラジオをもらった。

が、幼い頃から僕は、父に何かが欲しい、何かをしてほしいと願うことが一切できなかった。流行り物が欲しいと言えば叱られるというのもあったが、同じ感覚は姉も共有していたという。

「それは、親が子どもにぽいぽい物を買ってはいけないという頭カチカチの人だったからでしょ。お駄賃とかもなかなかくれない人だった」というのが姉の評。

確かに姉と僕に共通する父の印象は「イズム（主義）が強い」であり、子ども時代はシャープペンシルを使ってはならないとかなんとか、意味のわからない縛りの多い人だったように思う。活字が印刷されたものを踏んではいけなかったし、当時子ども向けによく出されていた「世界はこうして滅ぶ」みたいな空想科学読本など、見つかれば低俗本と罵られて即捨てられた。実を言えば、僕自身も案外意味不明のイズムの塊だから、血だなあなんて思わなくもないのだが。

同様に姉と僕に共通する父の記憶は、「一緒に遊ぶのが苦手な人」「遊んでも一回こっきり」というものだ。

例えばある正月に、父が凧《たこ》を買ってきたことがあった。それは僕がお店で見かけても欲しいとは絶対言えなかった「ゲイラカイト」というアメリカ製の凧。父のいつものイズムであれば「凧は和紙の日本凧で、自分で作るもの」と言いそうなものだが、まさかその父がゲイラカイトを買ってくるとは!!

こっそり隠すように父が買ってきたその原色の凧を見たときの興奮と喜びは、今でも思い出せる。けれど連れ立って近所の広場に向かうも、父は自分でその凧を揚げてしまい、なかなか糸を僕らに渡してくれないのだ。冬空に父の巧みに操る凧を見ながら、姉と僕は途方に暮れた。

囲碁にせよ将棋にせよボードゲームにせよ、姉と僕は一度は父と遊んだ記憶があるが、「ちゃんと教えてくれない」「二度目がない」という共通体験を持っている。

ただしここで、姉と僕にはやはり感じ方に大きな差があったようだ。

姉は「これでおしまい？　もっと教えてくれないの？　どうしてそんなに教え下手なの？」というモヤモヤを常に抱えていたというのに対し、僕は同じ体験を「自分の能力が足りないから、知的スペックで父についていけないからそれ以上教えてもらえない」という、見捨てられた、戦力外通告されたといった感情と共に記憶しているのだ。

この姉と僕の感じ方の違いは、その後さらに大きくなっていく。

同級生男子から告白を受けた姉に「おまえに隙があるからだ」

こうして振り返ってみると、僕が父との接点をほとんど失った、というか自分から父に心を閉ざし始めた時期は、かなり早い時期、それこそ小学校高学年〜中学校くらいまで遡ることになる。それは父が企業戦士で単身赴任の期間が長かったことや、自宅に戻っていても帰宅が遅かったことや、思春期になった僕があまり家に帰らなかったという物理的な問題もある。けれど最大の要因は、僕自身が父に対し、何かを相談するとかアドバイスをもらうということを、早々に諦めたことだ。

どうしてそうなったのだろう。思い返すと、なぜだか僕は、中学に入った頃から「自分は人並みの努力をしても結果が出せない能力の低い人間で、努力すべきところを絞り込んでうまく立ち回らなければ、この社会では絶対に生き抜けない」という強い思い込みを持っていた。そして、その悩みを父に言う選択肢がそもそも存在しなかったことが、その理由として見えてくる。

たとえ悩みを相談しても、「女々しい」「気力が足りない」など、それこそ現代ならNGワードに入る心無い言葉で、父は僕を切り捨てるだろう。何を言おうと「できないことの無理強い」、つまり僕がそこで努力しても成果が出ないと感じていることを強要するような答えが、返ってくるだけだろう。僕は端《はな》から、そう決めつけていた。
実際、この当時の父の言葉で記憶に残っているのは、ネガティブなものばかりだ。
「これぐらいの本は中学生でも読めて当たり前。中2で高校の数Iぐらいは終わらせていて当然」（数学についての新書を渡しながら）
「これを読むのを読書と言わない」（中学時代にSFや伝奇小説を読んでいた僕に）
「腕が細い」（陸上部で足ばかり鍛える僕に）
「アニメを見ていると学校で孤立する」（部屋にアニメの劇場作品のパンフを見つけて）
結局、なにかを言葉で褒められた、肯定されたという経験は、どれほど思い起こしても「一切ない」。
今思えば、本当にあんたそれ父親としてどうなの？　と言いたくなる。けれど非常に興味深いのは、そんな当時の父に対する感じ方が、ここでも姉と僕とで大きく異なることだ。
姉も僕も、思春期に差し掛かる頃から、「父とは話しても目が合わない」「話しても返事がズレている」「問いかけを無視される」という違和感を抱いていたことは共通している。けれど、やはり僕はその理由として「優れている父に対し、自分の能力が低いせいだ」と感じていた。けれど姉は、もう小学校高学年ぐらいから、「この人（父）がしょうもない人だから」という、「等身大の（小さな）父親像」を描き、そうした存在として受け止めていた。そして、そんな家族を俯瞰して、我が家は機能不全家庭であり、その原因が父にもある（この父が悪い）と感じていたというのだ。

確かに当時の記憶として、姉は小学校高学年ぐらいから僕以外の家族に対して（母にも父にも）とても気難しくなり、家族の時間がとてもピリピリしたものになっていたのを憶えている。けれど姉によれば、そこにはいくつかベースとなった体験があったのだとか。

それはまず、小学校時代に姉が同級生の男子から告白を受けたことに対し、父が「おまえに隙があるからだ」と言って責めるという、これまた現代であればジェンダー配慮的に盛大なレッドカード発言をしたこと。

さらに、私立中学に通う電車の中で、毎日のように痴漢に遭う姉を心配した母が、父に対して「同じ電車で通勤して」と依頼するも、父はただ同じ電車に乗るだけで、姉からすれば「すこしも守ってもらえている感じがしなかった」ということ。

他にもいろいろあったのだろうが、こうした体験を通じて、姉の中では早々に「どちらかというとこの父親はしょーもない人」「不完全な人間」という認識が育っていったというのだ。

また、我々の学齢期に父の単身赴任があったことに関しては、姉は父にではなく、社会に対して明確な怒り、被害感情を抱いていた。

「本当に企業ってのはひどい。ほんの数ヵ月前に連絡して、家族から父親を奪うなんて。人の家族を何だと思っているのか。何様のつもりなんだろう。いわゆる機能している家族なら、なんとか乗り越えられるかもしれないけど、うちみたいな関係が危うい家族においては、ひとたまりもないってことなんだよ。家族の不在っていうのはさ」

当時の母は情緒不安定で、大きな声で「お父さんがいない家を私がひとりで守ってるんだから！」と姉に言って、泣いたこともあるという。

そして、そんな姉は20代になった頃、ロビン・ノーウッドの『愛しすぎる女たち』(機能不全家庭と女性の愛着障害について一般向けに書かれた、最も初期のものといっていい名著だ)を読んで、「お父さんは私のことが邪魔なんだな。だから目が合わないんだな、返事もないんだな、いない者扱いされているんだな」と感じて、号泣したのだとか……。

父との関係性を正常に紡げなかったと感じているのは同じにしても、姉弟でここまで受け止め方が違うのかと、改めて驚いた。

父と体当たりで対峙していた姉

姉が思春期の時点で父に対し「案外しょーもない人」というジャッジを下し、我が家を機能不全家庭だと感じていた背景には、おそらく当時の母が姉に対し「話の通じない夫、育児（特に僕の）に不参加の夫への不安や不満」を、日々口にしていたことにも理由がある。人の気持ちや集団の雰囲気にとても敏感で、母からも同じ女性だからこその依存を受けていた姉には、その状況が機能不全に感じられたのだろう。

けれど一方、子ども時代の僕は、母から父に対する愚痴を聞いた経験がほとんどない。だから僕は、我が家は母と子だけの（父親不在の）家庭として、十全に機能しているように感じていたし、父の単身赴任だって、「赴任先をベースキャンプに様々な観光地に行けた」という、ポジティブな経験として記憶している。むしろ父が不在がちということは、すぐ手が出る父親が家庭から消え、多少寂しくても、「自由であること、平和であること」を享受でき、そのメリットの方が圧倒的に勝っていた。

ああ、これは明らかに、家族内でのジェンダーギャップだろう。

つくづく弟というのは、日本の男児というのは、呑気で平和でお得な存在だと思う。

若き日の僕は、おそらく父を実際以上にハイスペックな人間と認識し、そんな父が「劣った自分」のことを理解できるはずがないと、早々に決めつけて心を閉ざした。父から有効なアドバイスが貰えるとは思っていなかったから、学業においても進路についても、父に話したいことは一切なかったし、実際相談もほとんどしなかった。それはすなわち、「あんたなんかには言ってもわかんないだろうから」と、僕の人生において父を戦力外と見なしていたことにもなる。

ただし、姉とは違って、それは「父の側に問題があるのではなく」、「問題があるとすれば能力の低い僕の方」というのが、大前提の認識だった。

それでも僕が前向きに「自分の信じる道を突き進めばいい」と思えたのは、弟であり、男児だったから。父からの肯定経験がほぼ一切なかった半面、僕にはその時代の男子らしい見えない優遇＝母親からの「あなたには人にはない才能がある」という盲目的な肯定があったからだ。

それはいわば、女性にとってのガラスの天井（女性が女性であるだけで一定以上の活躍を阻まれる見えない障壁）と対極をなす、「ガラスのゆりかご」だろう。

僕にとって、父親不在の我が家は、母と子の家庭として完成し、しっかり機能していた。これが僕の我が家に対する評価だ。

一方で、より早く父の「等身大のしょうもなさ」に気づき、単身赴任などによる父の不在を自由ではなく「問題」と感じ、さらに子育てに不在な夫に悩む母の気持ちも受け止めることで「我が家は機能不全だ」と感じながら育った姉。そんな姉には、離婚を機に実家近くに戻ってきた30代中盤、父と徹底的な対峙を試みた時期があったのだという。

それは父の、姉にとって許せない行動や許せない発言に対して、怒りをあらわにするという、僕には決してできなかったアクションだった。

「それは娘のためだったかもしれない。小さなあの子がいるところで、おとんが例のごとく大声を出したことがあったの。親が離婚をして家族がバラバラになって、苦しみ抜いているはずのあの子がいる食卓で大声を出すなんて。許せなかった。この子をこれ以上、怯えさせないでって思って、気がついたら反射的に『この子の前で二度と大声を出さないで!』と怒鳴り返していた。おとん、それからつい大声をあげてしまうと、すぐに『ゴメンゴメン』と謝るようになったの。そしてすぐに怒鳴らない人になってくれたよ」

父は感情のコントロールが苦手で、何か議論が膠着《こうちゃく》すると大声を出し、両の拳でテーブルを叩いて「その話は終わりだ!」としてしまうところがあったが、それは姉にとっては拳を伴わない暴力であり、猛烈な圧だった。そんな父の威圧にさらなる大声で対抗した姉は、まさに捨て身の境地だったのだろう。

「普通の当たり前の、力の抜けた関係の家族の中に、娘を置いておいてあげたかった。そんなふうに関係を変えていくことは、一生をかけるに値する親としての私の仕事だと思った」

家族に対しては何を教えるにしても常に教え下手で上から目線で、「こんなことだってできるんだ」という自身の能力の披露に終始しがちな父が、引退後に地域のパソコン教室などでものすごく教え上手な講師として評価されていることを知った姉は、苦手だったExcelの使い方について指導を願ったことがあるという。

案の定、姉の手からマウスを奪って操作しようとする父に、「そんなことは頼んでない。自分でキーボードを打たないで。私に打たせて、そうしないと憶えられない」。

半年以上にわたって何度も教えを請い、食い下がりまくった結果、父はある日、ビックリするほどわかりやすい指導をしてくれて、姉のわからなかったことはその日にすべて解決したのだとか。

「おとんと向き合い始めてからも、おとんと一緒にいると身体にグッと力が入ってこわばって、すごく苦しかったよ。身体が反応して首とか背中とかがガチガチになる。瞬間的にグッとなって、それが会ってる間中、続く。すごく身構えるんだと思う。身体が反応してこわばるから気持ちも同じでキツかった。何も話さなくても一緒にいるだけで。それが、すごくつらかった。それは、何年も続いた。長かった。いつの間にか、おとんといても身体にグッと力が入らなくなったことに気がついた。すごく時間がかかったなーって思ったことを、覚えてるよ」

父の存在を無視し、対峙も試みず好き放題やってきた僕と、姉弟でどうしてここまで違うのかとも思うが、そうしたアクションを起こしただけ、姉の父親像は僕のそれよりも遥かに明瞭だ。

体当たりで父と対峙した姉の総評によれば、父は「ことに家族関係においてのみ、何か良いことを言わないとと思って身構えてしまう人。そして、どうすればいいのかわからなくなって固まってしまう人」ということになるらしい。

それは、僕が父に対して持っていた「社会人として完成されていて頭脳明晰で、堂々として様々なトラブルにも対応できるハイスペックな成人男子の代表」という評価とは驚くほど対極だが、非常に腑に落ちるものでもあった。家の外ではあんなにもコミュニケーション力が高いのに、家の中では全く自然体ではいられない男。それが父だった。

僕が「極めてハイスペック」と誤認していた父は「対外的な父」であり、姉が正視し続けていたのは家庭内でまともなコミュニケーション一つ取れない「しょーもない父」だったと言ってもいい。

母の思う父像との乖離

他方、伴侶として父と添い遂げた母は、父とのことを振り返る中で、何度も何度も首を傾げた。「大介の言うようなネット右翼とお父さんはどうしても一致しない」と何度も口にしたのは、事実そうではなかったのだから当然のことだが、父のパーソナリティや言動についての捉え方も、息子のそれとは乖離があるというのだ。

「お父さんは、私とふたりのときは、とても穏やかで静かだったよ。大介は、お父さんにもっと私に対して優しく接してほしいって願っていたようだけど、私たちふたりの間には、穏やかなものが流れていたことは事実」

　父ががんを発症する前、「そこに住むかのように旅をしたい」というテーマで長い時間をかけてハンガリーからクロアチアを旅したというふたりだったが、その間に一度の喧嘩も言い争いもしなかったということに、母の同世代の友人たちは皆驚いたという。

　それほど、母とふたりきりのときの父は、極めて温和な人物だった。が、その一方で母から見た父は、「子どもたちが茶の間に来ると、一気に硬くなる」感じがしたのだとか。そして、ふたりきりのときとは明らかにパーソナリティが変わることを、なぜだろうと思っていたともいう。

　また、僕が晩年の父に対して憤懣を募らせていた理由に、ひとり残される母に対して口を閉ざしたり、母の言葉を無視したりするだけでなく、最期まで大事なひとことを残さなかったことがあった。僕の前で母に対して無口になっていたのは、母の語るように「子どもの前だと硬くなる」せいだったのかもしれないが、父の中に過剰な女性蔑視の像を立ち上げていた僕にとって、父の態度は人生の大半を共にした伴侶をあまりに軽視したものに感じた。

ありがとうでもごめんでもいい。「従容と逝きたい」などと言うならば、なぜ穏やかな言葉でひとり残される母を労うことができないのか。生きていく縁《よすが》になるひとことを妻に残せないのか。

だが、その父の在り方についての捉え方も、母の心情は僕の想いとは全く乖離していた。

「大介がそう思ってくれるのはありがたいけどね。私自身は、ありがとうも、あとをよろしくも、そういった月並みな言葉は、別に欲しくなかったよ。何も言い残さなかったのは不思議だったけど、何か言えば終わりを感じさせてしまう。そういうことは、言いたくなかったんじゃないかな。病のせいで（母を）シャットアウト気味になっていたけれど、死に向かって泣き言も言わず八つ当たりもせず、わがままも愚痴もひとことも言わなかった。お父さんの視点になって見ると、すごく潔い死への向かい方だった。非常に孤独ではあったけれど、独りで死と向き合う姿を、私は痛々しくも尊いと思った。即身仏みたいだったでしょう。即身仏がどんなものか知らないけどね」

ああ、それが夫婦なんだろう。そして、これが母たち「死を身近に感じる世代」にとっての、死に向かうことのリアルなのだろう。

たとえ無言でも、なにひとつ言葉がなくても、一切取り乱すことなく淡々と死に向き合った父を、母は「従容として逝く」の有言実行として捉えていた。

母の言葉に、ため息が出た。息子の僕としては、末期の父に対して大事な母をないがしろにされているような憤慨を常に感じていたし、僕の中にある「先立つ夫として妻にはこうあるべき」といったバイアスにことごとく反する父だった。けれど、こればかりは父と母ふたりの円熟したパートナーシップに対しての、余計なお世話だった。

父を看取った直後に母が口にした「もう終わりなの」の問いと「本当によく頑張った」という言葉の意味が、子どもたちの決して立ち入れないふたりの絆が、改めて胸に沁みた。

たぶん、僕がどう思おうと、父は母にとって良き夫としてあり続け、母に穏やかな記憶を残してこの世を去った。それでも残るのはやはり、「父親としてはどうだったか」

だ。どうして僕は、僕たちは、父たちとフラットなコミュニケーションが取れないのか。母の言うように、ふたりの間には穏やかな時間が流れており、父が「子どものいるお茶の間」限定であの不機嫌で横暴なパーソナリティになったというなら、それはどうしてなのか？

父の同世代の間でのエピソードについて話してくれた親友のSさんも、父のことを題材に他人の息子である僕と接する語り口はとてもフラットで朗らかで能弁で、「生前の父と僕もこんな感じで腹を割って話せたらなあ」と感じたが、いざSさんご自身のお子さんとも同じように話すかと問えば、

「やっぱり子どもとは、普通のコミュニケーションとちょっと違うかなあ。あいだに溝みたいなものがあるよね。お母さんが間に立って苦労するんだよね、どこも」

と、すこぶるキレが悪い。

実際、イデオロギーや価値観のズレは別問題にしても、我々世代において父親とコミュニケーションが取れないという訴えはやはり普遍的で、そうした訴えが少なくなるのは感覚的に１９９０年代生まれから先のように感じる。

区分としては、１９９０年代後半～２０１０年生まれの「Z世代」に該当するのだ

ろうか？　こんなものはあくまで感覚に過ぎないが、この世代は我々と比較して父親と子どもの関係が密接で遊びも対話も多い印象で、例えるなら20世紀末にホンダから発売されてミニバンブームの走りとなったステップワゴンのCMで、「こどもといっしょにどこいこう」というキャッチが流れていた、「あの当時に子どもだった世代」だ。彼らと我々とでは、父との距離感や共有した時間が違うように、ざっくりと感じる。

子の世代区分から逆算すると、家庭に自然なコミュニケーションを築けるようになった父親たちは何世代だろう？　どうしてそれ以前の父たちは、あんなに駄目なのだろう。家庭内に不在で、不自然な存在なんだろう。

あるときを境に、おじいちゃんはいきなりコミュ障になった

全く意味があるとも思えない世代論にモヤモヤする中、ずばり突き刺さった指摘は、実は姪のひとことだった。

「おじいちゃん世代はみんなコミュ障に感じる」、しかも「あるときを境に、おじいちゃんはいきなりコミュ障になった」と言うのだ。

コミュ障、すなわち対人コミュニケーションに問題や不自然さを抱えた人々。確かに社交的で外交的だった父は、家族（子どもを交えた空間）に限定で、非常にコミュ障だった。だが姪曰く、「わたしが小さな頃は、決してそんなことはなかった」と言う。

前述した通り、引退後の父と近しい位置で生活していたという点で、姪は姉や僕よりも長い時間を父と共に生活してきた存在だ。そしてそんな姪によれば、引退後に盛んに地域活動に従事していた父は、実は地元の小学生から「大人気のおじいちゃん」だったという。

これは僕も全く知らなかったことだが、地域活動の中での父は、子ども相手に稲作教室、将棋の相手から、竹馬・竹とんぼに水鉄砲作りといった昔あそびの指導まで、手広く接していたという。そんなときの父は、非言語コミュニケーションでどんどん子どもたちとの距離を縮め、巧みに笑わせて、あっという間に子どもたちの輪に溶け込んでしまうキャラだったらしいのだ。

要するに、「対子ども」では父のコミュニケーション力は抜群だった。そして当時の姪にとっても、そんな祖父（父）の傍は、とても居心地が良く安心感があったという。

「でもおじいちゃんは、わたしが中学に上がるぐらいになったら、一気にコミュ障になった感じだった。いきなり距離ができた」

姪は大学の心理学の授業でユングのペルソナの概念を学んだ際に、真っ先におじいちゃんのことを思い出したという。

ああ、そこなのか……。

なんだか深々とため息が出るような思いがした。

ペルソナ＝人が社会生活上の様々な役割を担うシーンで、他者とコミュニケーションを取るためにそれぞれのシーンごとに作り上げるパーソナリティ（本来の自分とは違う）。ざっくりした解釈だが、要するに現代で言う「キャラ」だと僕は認識している。

そう。思い起こすと、確かに父には「子どもを喜ばせるキャラ」があった。僕自身の子ども時代を思い出しても、父は極めて子ども扱いが上手な人だったと思う。姉にとっては非常に腹立たしい記憶であるという「電車のホームから息子を放り出すフリ」ですら、ちょっと危ないことが大好きな男子だった僕の中では、子どもの喜ぶ「ボディランゲージのツボ」がわかっている印象として記憶されている。

そのほかでも、会社の仲間を家に連れてきたとき、大勢の前で話すとき、講師として生徒に接するようなとき等々、そうしたシチュエーションでの父は、非常にテンション高く能弁なペルソナを持ち合わせていた。

けれど一方それは、眉間にしわを寄せて自宅の居間でテレビに向かって毒づく父とは、まるで別人のようだったとも思うのだ。

これは確定ではないかと思う。

父は、僕らが子ども時代は「子どもに対するペルソナ」を知っていたから対応できたが、一方で「幼さを脱した子ども・思春期以降の子ども」と自然に接するためのペルソナを知らなかった。大人になりゆく子どもを交えた家庭の空間で、とるべきペルソナを持たなかった。

どうしてなのだろう……。よくよく考えて、三つの理由に辿り着いた。

高度成長下の「企業戦士」というロールモデル

まず一つ目は、若干憶測になるが、父たち世代は、その青年期に上の世代との間に分断があったことだ。例えば僕の場合は、危なっかしかった青年期にきちんと僕を理解し、諭《さと》し、ときに一緒に暴れつつ面倒を見てくれる年上の先輩方がいたおかげで、思春期以降の年下にどう接するかのロールモデルを得た。けれど一方、父たちにとってその「上の世代」との間には、戦争と敗戦による分断があり、若き父たちは戦前の世代に対して極めてカウンターの強い世代だった。叔父の言う「高校時代は孤立していた」父には、悩み深い青年期の若者と接するペルソナを獲得する体験がなかったのかもしれない。

二つ目は、憶測ではなく、ほぼ確定ではないかと思う。それは、父には、そして父世代にとっては、封建的な日本の家庭像を脱した後の「現代的な良き父」のロールモデルがなかったということだ。父にとってのロールモデルは、父の父親、僕の祖父なわけだが、叔父曰く、祖父は決して好ましいロールモデルになり得る人物ではなかったという。

明治生まれである祖父は、最終学歴尋常小学校から、一部上場企業の役員にまで上り詰めた人物だ。が、日本が幾度かの戦争を経験する中でその身一つで成り上がった祖父について、叔父は「卑怯《ひきょう》で汚い人間だったと思う」「そうでなければとうてい成り上がれなかった」という想定外の言葉で評した。

祖父は家庭には無関心で、妻（祖母）にも現代であれば経済的ＤＶと言われても仕方ないような負担をかけ続け、決して良い夫でもなければ良い父親でもなかったというのだ。

　間違いなく、父はその育った家庭の中で、子どもとフラットな立場で接するペルソナを学ぶための経験を積んでいない。幼い子どもに対してのペルソナは、叔父や家族以外の年下の子どもたちと外を駆け回って育った中で得たものだろう。Sさんからも、「我々の時代は兄弟が多く、甥、姪と遊ぶ役目があった」との指摘があった。だが、ことに思春期以降の分別つき始めてからの子どもと父という関係では、再現するような良き関係性を知る機会がなかったのだと思う。

　そして最後、三つ目の理由は、父たち世代が良き父というペルソナを作るためのロールモデルを祖父世代に求められなかった一方で、高度成長下における「企業戦士というロールモデル」には、ガッチガチに囚われていたことだ。

　これは僕も昭和48年生まれの男子として、それ以前の時代のカルチャーなどから、当時の温度感を理解することができる。それは、家庭的で良い父親になろうとすることを「恥ずかしい」「軟派だ」と思うような世代の風潮だ。

「男たるもの」家庭用に顔を作るなんて「女々しいこと」をしてはならないし、企業戦士なら家庭を顧みずとも当然。男子敷居を跨《また》げば七人の敵ありで、「女房」はそうした戦士である「旦那」を縁の下で支えるべし、というような……。

今となっては全く無意味で魅力のないダンディズムに当時の男たちがどれほど呪われていたか、それをむしろ美学としていたか。それは、YouTubeで昭和（特にバブル前夜）のテレビCMでも見れば、もう嫌と言うほどわかる。そこに描かれる男性・父親像には、意味不明のダンディズム、マチズモ（男らしい男の像）やマンスプレイニング（男性が根拠のない自信をもとに女性や子どもに教え諭そうとする態度）が溢れ返り、その時代に子ども時代を過ごした者でも「えー、昭和ってこんなだったかなあ」とガッカリ思うほどだ。

もちろん、そうではない父親像を編み出そうとした人たちもその世代にいただろうが、企業戦士勢の中では「マイホームパパ」は馬鹿にされていた。マイホームパパ的な生き方が徐々に肯定されだしたのは、１９８０年代に子育てをしていた団塊世代からというが、父たちの子育ては'70〜'80年代だったことを考えると、ひと世代下へのモヤモヤした反感や違和感もあったのだろうか。

「そういえばお父さんとの結婚式の後、仲人さんのところにご挨拶に伺ったら、『定時に帰宅しようとしたら新婚さんだからねえなんて、からかわれるぞ。僕なんかねえ、新婚から1週間午前様だったよ』なんて言われたたね。だから何なのって思ったけど」

と、当時を振り返って意外に辛辣《しんらつ》な母であるが、その一方で母にも、自身に染まったロールモデルがあるという。それは、子育てについてのロールモデルだ。

「私自身、子育ては妻、仕事は夫という考えがあった。大介たちが幼い頃、近所に住んでた友達に『鈴木さん、子どもは夫婦で育てるものよ』なんて言われたけれど、そのときの私は、子育てに夫を巻き込んでどうするの⁉ って思ったなあ。仕事に送り出す夫に、家庭の面倒なことを言ってはいけないって思っていた。でも、今思えば、お父さんから子育ての喜びを全部奪ってしまったことになるね。可哀そうなことをしてしまったかなあ」

幼少期に刷り込まれた「拳未満の中途半端な暴力」への恐れ

戦争によって先行世代とのかかわりを分断されたこと、祖父世代から父親のロールモデルを得られなかったこと、マイホームパパを恥ずかしいと感じ企業戦士のダンデイズムが勝る時代だったこと。子育てに不在であることを肯定する妻たちのロールモデル。改めて、叔父がため息交じりに言った、「世代と年代を切り分けてくれよ」の言葉が響く。こちらは明らかに、世代の問題だろう。

父は世代としては焼け跡世代だが、戦前世代もその後の団塊世代も、封建的な大家族制から核家族に家族像が変わっていく、過渡期の世代だ。

彼らの知る唯一の父親としてのロールモデルは、お茶の間にドンと座って「地位」を保つ家父長ロール。それが父たちの「お茶の間ペルソナ」だったと言ってもいいかもしれない。けれど社会はそうした封建的抑圧からどんどん解放され、むしろその解放の主体や担い手でもあったのが、父たちの世代だった。

そう考えると、そもそも父たち世代の男性は（女性もか？）、家族観や父親像から男性像まで、あらゆる面で自己矛盾を抱えた世代だったたし、そのことがまた、二次的に僕ら世代の問題にも、大きくかかわっているように思えてならない。

本書でも何度か触れているが、父は僕が子どもの頃、頬を張ることがあった。毎回一発のみだし、拳で顔を殴られたことはない。拳を使う場合は、頭のてっぺんをゴン！とする感じで、これは明らかに僕が悪くて僕自身も反省している場合に、「それを許すための儀式」としてのゴン！が多く、ビンタは制御できない息子を黙らせるための手段に使っていた。父はビンタとゴン！を明確に使い分けていた。

僕は感情の起伏が激しい子だったので、泣き止まないときは、押し入れに閉じ込められたこともある。けれど、それらの行動もまた、父たち世代が前世代から見て学んでしまった「古い父親のロールモデル」だったのだろう。

こうしたことを姉は「怖くて悲しくて忘れられない体験」と認識していて、「おとんの暴力、暴言、大きな音を立ててての威嚇、無視とも思われる態度を、私は許せないよ。本当に最低だよ」と言う。確かに、たとえ一発であってもそれは暴力。母にとっては、暴力という言葉は「ふたりでいるときの父の静かで穏やかな像」まで消してしまうような強い言葉に感じるようだし、叩かれた僕自身も「叩かれた」「叩く父だったから、家にいないとホッとした」という認識程度で、さほど被害感情などないのだが、それを映像として記憶する姉にとっては消し難い記憶なのだろう。驚くことに、姉には父が僕の頭をはたく記憶はあるものの、頬への平手打ちの記憶は全くないのだという。姉にとってのそれは、その部分の記憶が乖離してしまうほどの苛酷な体験だったわけだ。

父が学んだ古い父親のロールモデルは、やはりどうしても擁護しきれない、誤ったものだ。父はお茶の間の空気が悪くなると食卓をバンと叩いて余計に空気を悪くしたし、姉と僕でこたつに入っておはじき遊びをしたまま片づけずに放置したら、天板の上のものを丸ごと全部雨降る庭に放り出されたのは、姉弟共通の切ない記憶だ。

グーでパンチすることを封印していただけ、父にはまだ分別があったと思うが、こうした父の誤ったロールモデルが二次的に僕たち世代の「父に心を開けない」に繋がっていることもまた、否定できないと思う。

僕は父の生前、どれほど父に腹を立てても「おいオヤジ！」と高圧的に怒鳴ることは決してできなかったし、拳で意思を伝えたこともない。むしろ父が容易に暴力をふるうことを誤って学習してしまった幼少期の僕は、同世代に暴力をふるってしまったのち、「冷え冷えとした周囲の空気」や「暴力をふるう者にすり寄ってくる気持ちの悪い同世代への生理的嫌悪」といった経験から、極めて暴力が嫌いな人間になった。

父の言動への不快感に声を荒らげたことはあったが、思えばそんなときの父は言葉を失って黙り込んでいたように思う。「思う」止まりなのは、そうしたときには僕の側から父としっかり目を合わせることができず、すぐにその場を去り、その先のコミュニケーションを拒絶していたからだ。

ひとことでも「おいオヤジ!」「てめぇふざけんな」とでも言えていれば、その後には腹を割ったコミュニケーションが拓けたのではないかと僕は思っているが、結局言えなかった理由は、父の威圧や幼少期に刷り込まれた「拳未満の中途半端な暴力」への恐れがベースにあった。

ただ、父がずっと権威的で封建的なロールを家庭内で保ち続けていたかといえば、そうとも言えない。僕が父に叩かれた最後の記憶は小学生の頃だし、怒鳴られた記憶は17歳が最後。18歳で実家を出た後、20代のうちこそ実家に帰るたびに爪を切れ、髪を切れ、髭を剃れ等々と身だしなみにやたら口やかましかったが、それも30歳になる頃にはやんだ。僕が父を看取ったのは46歳だったから、その人生のほんの初期の経験に、僕は囚われ続けていたということになる。

僕自身も父に対してコミュ障だった

さらにそうして思い返してみると、父は父なりに僕に会話のアクション、コミュニケーションの回復を試みていたという記憶がよみがえってきた。

僕が20代前半の頃、名古屋に単身赴任していた父から「名古屋に旅行に来ないか」と手紙で何度か誘われたことがある。当時の僕は、勝手に家を出て好き放題した結果、電気やガス、水道といったライフラインを止められないようにするだけで精一杯といった状況で、当然旅費はなく仕事を休む余裕もなく、返事の一通すら書かなかった。あのとき、返ってこない僕の手紙を、父はどんな気持ちで待っていたのだろう……。

さらに仕事を引退後の父は、正月などで帰るたびに発展するネットの技術や、新しいOSについての評価、記憶媒体やクラウドストレージの進化といったPCやネット周辺の話題、「この猫のブログ知っとるか」といった話を振ってきた。

相手の興味分野にかかわらず話を振ってくるのが父らしいが、こちらとしても既にその時点での関係性では話の膨らませようがなくなってしまっていた。やはり「知っとるか?」「知っとるよ」「そうか」といった端的なやりとりで終わってしまった気がする。ここで「大介の仕事ではどんなツールを使うんだ?」のように話を展開できないのが父だったし、「じゃあおとんはこれを知ってる?」と展開できなかったのが、僕だった。

一方で、母や姉との話は尽きない僕だったから、帰省の折、お茶の間で三人が盛り上がる中、極端に早寝早起きの父は夜9時前には2階の寝室に上がっていく。あのとき、階段を上がる父は、どんな気持ちだったのだろう。

なんだか、茶の間の隅にポツンと座る父の背中が見えるような気がして、可哀そうになってきた……。

「おじいちゃん世代はみんなコミュ障に感じる」

姪の言葉は、改めて正鵠《せいこく》を射たものだったと思う。

父の中には、自立に向かう思春期以降の子どもたちに対して、穏やかに軽口を交わしながら、それでいて本音を語り合い過ごすための「お茶の間用のペルソナ」が存在しなかったし、あとから作ろうとしても、そこには子どもである僕側の問題もあって、失敗してしまったわけだ。家父長的なロールと変わりゆく家族像の狭間で、立ち位置に戸惑う父たち世代の姿には、憐憫《れんびん》の情すら湧いてくる。

そして思い返せば、父に対してコミュ障だったのは僕自身も同じだ。

姉が命を懸けるくらいの覚悟で父に噛みついたのに対し、僕自身は父との距離感や溝を解消するための勇気を、ついに持つことができなかった。というか、早々と父親としての父を見限り、居心地悪い家から立ち去った。自分自身の仕事や新たに妻と築いた家庭生活などもある中で、そうした取り組みの優先順位を上げることができず、関係構築のための「手間」を惜しんだ。

そうこうするうちに、ふと気づけば父の口から耐え難いヘイトスラングが飛び出すようになり、嫌悪感に心を閉ざしたまま、父の中に勝手に醜いネット右翼像を立ち上げたままで、看取ってしまった。

僕自身も、父を知り直す、父に僕のことを知ってもらい直すための「息子のペルソナ」を、ついにそのときまで持ち得なかったわけである。

ごめんな……おとん。

果たして僕はどうすればよかったのか

ならば改めて、僕はどうすればよかったのだろう。少なくとも父が余命宣告を受けてからの間、僕には年単位の猶予があったはずだ。同様に「父親が知らぬうちに右傾したみたいだけど、話す言葉がない」という思いを抱えた同世代にとっても、まだ相手を看取っていなければ猶予があるはずだ。

いったい、この状況から何ができただろう。

悶々としながら、僕自身はもはや遅いとわかっていながらも、いくつもの可能性を考え、父という人物に改めて思いを馳せた。

父は非常に多趣味で多くの言語を学び、旅をし、たくさんの楽器を演奏した。子どもの頃の父はいつもアコースティックギターやウクレレをじゃらじゃら鳴らし、独学で学んだジャズコードで色々な曲をアレンジしてピアノを弾いたりもしていたが、僕は「あんなふうに演奏できたらいいな」と思いつつも、一切父に教わろうとはしなかった。

父に楽器を教わればどうだったろう？　前述した通り、父は徹底的に教え下手だったが、僕も大人になったならば、教え下手な父に教わり上手の息子のペルソナを作って、接点を持てばよかったのではないか。

また、父と僕の共通する嗜好としては、特に観光地ではない地方を旅して、地の肴《さかな》と地の日本酒をたしなむことがある。50年以上酒飲みだった父から、父の出会った日本酒と肴の話を聞いたら、延々と話ができたかもしれない。けれど僕は、抗がん剤治療の副作用で味覚を失い、日本酒と蕎麦ぐらいしか味わえなくなった父に、土産であちこちの日本酒を差し入れたり、遺影に酒瓶を並べたりということしかできない息子だった。

退職後の父は自転車に乗って近所の寺をめぐっていたというが、僕も41歳で大きな病気をした後は、リハビリテーションも兼ねて地域の神社をかたっぱしから歩いてめぐった。父の寺めぐりを聞いていたわけでもないのに、だ。間違いなく我々は、似たような親子だった。にもかかわらず、その共通点をどうしてコミュニケーションに結びつけられなかったのだろう。

父がリタイア前に「バイクの免許を取ろうかな」と言ったことがあると母から聞いて、大きなため息が出た。なぜその話を僕に持ってこられない父であったか、その発言を父を看取って数年経つまで知りもしない僕であったか、それが悔やまれた。僕自身は、10代から人生の大半をライダーとして過ごしているからだ。

ああすればよかった、こうすればよかった。

悔やんでも悔やみきれない中、ふいに幼い頃、父に連れられてふたりきりでラーメンを食べた記憶がよみがえってきた。

テーブルマナーに極端に厳しい父だったが、そのときはご馳走様をしたあとに、互いのどんぶりに浮いた油を割りばしで繋げて大きな輪にして、ふたりで遊んだ。ひとしきり楽しんだ後、父は一気にどんぶりのスープを飲み干し、その底に赤い二重丸が描かれているのを僕に見せてニヤッと笑った。「スープまで飲み切ってご馳走様なのが、大人の醍醐味」みたいなことを、まだラーメン一杯を食べきれない僕に向かって言ったと思う。

どうして、父がもういなくなってから、こうした記憶がよみがえってくるのだろう。どんぶりの二重丸を思い出した翌朝、夢の中で泣いた僕は、枕を濡らして起きた。

母と僕の妻と、姉と姪と、父がこの世を去った後に姉の伴侶となった義兄が揃う実家。トイレから茶の間に戻ろうとした僕と茶の間から出てきた母が顔を合わせ、ドアの向こうの温かい茶の間からこぼれる談笑の中、「お母さん、ひとり足りない」とつぶやいてとめどなく涙をこぼす。そんな夢だった。

おとんって実は、可愛らしい人だったな

我ながら呆れるが、こうして父について思い返す日々が続き、そして僕の中の思い

込みや怒りや嫌悪感が溶けていく中、家庭内で徹底的にコミュニケーションが苦手だった父の「等身大の人物像」が立ち上がってきたのは、父が逝って2年半以上が経ってからのことだった。

同じ父のもとで育ったはずの姉は10代で既に父に対して「案外しょーもない人」という等身大の人物像を得ていたが、五十路《いそじ》を前にした僕の中に改めて立ち上がった父の像は、僕自身も想像だにしないものだった。

それは、「おとんって実は、可愛らしい人だったな」というものだ。

きっかけとなったのは、姪のひとこと。「おじいちゃんていつもご飯粒がくっついてたよね」だった。

そうなのだ。テーブルマナーに厳しく几帳面なくせに、食事中の父は、気づくと首とかこめかみとか、あらぬところに米粒をくっつけているという、変に抜けたところがあった。

おべんとつけて、どこ行くの？

頬っぺたじゃない。どこをどうしたらおとん、耳のそばなんかにご飯粒がくっつくんだよ!?

しっかりしているようでちょっとだらしなくて、雄弁なようでいてシャイで人に気持ちを伝えられない、不器用で小心者な父の姿が、堰《せき》を切ったようによみがえってきた。潔癖で几帳面なくせに、風呂嫌いで歯磨き嫌い。

子どもに対して食べ物の好き嫌いは絶対に許さなかったあの父が、「ニンジンが嫌い」だったということを知ったのは、僕が四十路《よそじ》に入ってからのことだ。あいつめ、僕らの前では、40年間も我慢して食っていたということか。

階段の下から呼ぶと、2階から屁で返事をしてくる。

家族で撮る集合写真には、必ず母の肩に手を回して写っていた。

子どもの頃、僕の飼っていたオカヤドカリを針金で天井から吊るす意味不明のいたずらをしたり、正月の膳に海老料理が出ると「このエビは雄か雌か」と質問して、わからんといえば「エビオス錠」（指定医薬部外品）と答えるしょーもないギャグを、3年ぐらい連続で言った。

姪が通った大学は、祖父母（父と母）が通ったのと同じ大学だが、合格を報せに行った際、父は自身がその大学に入って「良かったことと悪かったこと」を姪に語ったという。

「悪かったことは、おばあちゃんと知り合ったこと」

そう言って父はニコニコして母の手を引き寄せると、その手の上に自分の手をパンと重ねたのだとか。間違いなく伝えたかったのは「こいつと会えたことが、僕の大学生活でいちばん良かったこと」だろう。

テレビに現れる様々な女性に対してあまりに毒づき続ける父に、いいかげん閉口した母が「じゃあお父さんはどんな女性だったらいいわけ？」と問うと、黙ってこっそり、母のことを指さしたという。

病と闘い尽くし、いよいよ寝室と茶の間のソファを行き来するのみとなった時期、父の寝るソファの前の床で、疲れ果てた母も寝入ってしまったことがあったというが、ふと母が気づくと父の手が母の頭をほわほわっと、優しく撫でていたこともあったとか。

「あの、手をパンと重ねたこと。こっそり私を指さしたこと。ほわほわっと私の頭を撫でた手。私はそれで、もう本当に、十分だよ」

そう言って母は微笑む。

これが、シャイで言葉足らずの父の、どんなペルソナも被らない素朴な人格による愛情表現だった。僕の頬をビンタしたのちに抱きしめて頬をベロッと舐めたのと同じ、父の愛情表現だ。

「女三人寄れば姦しい」という言葉を平気で言う父だが、母と姉と姪という三人を前に、姦しいと言ったことは一度もないという。余命わずか、茶の間にも食事のために来るだけになった父だが、寝室に上がる際には三人の頭に拳をギュッと押し付けたり、ハイタッチしたりしてから上がったのだと姉から聞いた。

テレビを見てシングルマザーの自己責任を口にした父だが、週末に姉が実家を訪れるたびに、「孫の弁当用」といって手の込んだ大量のお惣菜を姉に持たせたという。

ちょっと空いた時間があればすぐ台所に立ち、自身の手で作ったものを人が美味しい美味しいというのを、何より嬉しそうにする父だった。

なんて不器用で、愛情深く、可愛らしいじいさんだったのだろう。

そして僕は、なんて手遅れな息子なんだろう。

父は父だった。父でしかなかった。

こんな当たり前のことが、2年半も煩悶して、ようやく辿り着いた、本当の最終結論だ。

素朴で陽気で不器用でちょっとばかり抜けていて、任俠《にんきょう》でいい加減で欲がなくてコミュ障でシャイで愛情深い。愛すべきオヤジ。これが僕の父だ。

霧の向こうに父の本当の等身大の姿が見えるまで、48年間拗らせに拗らせた父への気持ちが解けるまで、検証開始から丸1年もの時間が経っていた。

人生で最も美味しかった一杯

検証の後、幼い頃に家族でよく訪れた街のラーメン屋さんを妻とふたりで訪れた。思えば父の親友のSさん一家とも来たことがあったろうか？　食事だけに集中できないことや汚い食べ方をしたことで頬を張られた記憶もあるし、キリンビールで上機嫌になった父が真っ赤な顔で姉を膝に乗せていた記憶もある店だ。

店に入るなり、昭和50年代と変わらぬ町中華の香り。センバツ高校野球の実況中継が流れる中、当時と同じ中華そばと餃子を注文すると、店のお姉さんだった人がおばあさんになられて、配膳してくれた。40年ぶりとは、そういうことだ。

記憶の中では、人生で一、二を競う美味さだったその澄んだ鶏がらスープのラーメンは、ずいぶん塩っぽくて、餃子は具と皮がちぐはぐで、遠慮抜きに言うとさほど美味しくなかった。

「家族四人そろってて、おとんの好きな店に連れてってもらったから、めちゃくちゃ美味しかったんだと思うよ。おとんはラーメンが好きで、ここに家族を連れて食べに来るのを楽しみにしてて。そういう親の気持ちは子どもにも伝わって、不味いもんも美味くなるんだよね」

後日、姉に言われて、本当にそうだと思った。

やっぱり記憶の中のあのラーメンが、子どもの舌には熱すぎて小皿に取ってもらいながら父と母と姉と食べたあのラーメンが、今も僕にとって、人生で最も美味しかった一杯だ。

第六章　邂逅

検証作業の終盤に家族がようやく口にした本音

検証を終え、家族と父を振り返り、やっとのことで僕は僕自身の父親を取り戻した。正直、そのプロセスは掘り下げれば掘り下げるほどに自身の歪みと対峙せざるを得ない、とてつもない苦痛を伴うものだったし、何より悔やまれるのは、この作業に家族を巻き込まざるを得なかったことだ。

綺麗ごとでは済まされない。この僕の検証作業に、家族が喜んで付き合ってくれたわけでは、決してない。それぞれの忸怩たる心中を家族が口にしてくれたのは、長い検証も最後の最後にさしかかった頃だった。

実は姉は、僕が父の死後2ヵ月で「デイリー新潮」に寄稿した記事を目にして、大きくショックを受けたという。当然だろう。ヒアリングの中で明らかになったように、父は姉の前ではヘイトスラングなどひとことも口にしなかった。いきなり弟が、死んだばかりの父親を思想の変節したネット右翼扱いで寄稿したのだから、まさに青天の霹靂《へきれき》だったろう。「弟は誤った烙印を死後の父に押し、その尊厳を傷つけた」と思ったという。

心中穏やかでない姉が「どうこの落とし前をつけるのだろう」と思いつつも僕を問い詰めたりしてこなかったのは、父の生前から僕に触れたら僕自身がどうにかなってしまうのではないかというような張り詰めたもの（父への拒絶反応）を感じ取っていたから。拗れに拗らせ混乱する弟だったとしても、自身の気持ちを押し殺してその姿に寄り添うのが、僕の姉という人物だからだ。

母に至っては、もっと過酷。自身の連れ添った伴侶の「墓暴き」に付き合わせてしまったことになる。

序章に書いた通り、母は父の葬儀の会場で、驚くほど気丈な喪主挨拶をやり遂げた。参列してくださった父の仲間たちが生前の父に想いを馳せられるよう、父の良きパーソナリティ、集まってくださった皆様との交流から、病と闘い切った父の最期のありましまでを、見事に伝えた。

先立つ伴侶を、恙《つつが》ない人物として美しく送り出すこと。対外的に、素晴らしい夫のイメージ、完成した家族のイメージを保つこと。それもまた、母たち世代の女性の持つ、とても重要なロールなのだろう。

「たとえそれが虚構だったとしても」と母は言うが、妻としてその最後の大任を完璧に果たし、そのうえでひとりの女性として生きていこう、そう思っていた矢先の母にとって、送り出したはずの父を息子が検証し始めたことは、とても心穏やかでいられる事態ではない。

「足元がぐらぐらと崩れていくようだ」と、検証の終盤になって、ようやく母は口にした。

僕自身も検証している最中、ずっと胸に鉛を詰め込んだような重くつらい事実確認が続いたが、書き手の矜持や意地みたいな安っぽいものに家族を巻き込んだことは、本当に申し訳なく思う。

けれど、身勝手を承知で言わせてもらえば、この父の死後2年以上にわたった試みは、決して無駄ではなかったと感じている。それは、僕の中でようやく等身大の像として捉え直した父という人物が、想定外に魅力的で、可愛らしくて、母にとってもかけがえのない伴侶としていてくれたのだということを確認、確信できたからだ。

無駄ではなかったね。我が家には必要なプロセスだったよね。そう家族が言ってくれる日が来るかは、わからない。けれど、あんなにも拗れていた父への気持ちは、いったい何だったのだろうと思う。もう死んでしまった父だけど、誰かに父を伝えるとき、「色々ポンコツだったけど、めちゃめちゃ愛らしいとこある人だった」、僕はそう、彼の魅力的な等身大の像を語ることができる。

さすがに晴れ晴れと、とはいかないけれど、総括しよう。

「ネット右翼の父」は解消可能な分断である

序盤に触れたように、本書を書く契機となった「デイリー新潮」への寄稿は、ネットの反応だけでなく、様々なシーンで同意と共感を得られた。

少し離れていた実家に帰ってみたら、親がものすごく差別的な発言をするようになっていたという典型的な例のみならず、夫がパソコンにかじりついていたと思ったら平然とヘイトスラングを口にするようになったといったパートナーの問題、そしてネット右翼揺籃《ようらん》期に僕も感じたような「親しかった友人の変節」……。

検証の間にも、安倍政権とトランプ政権の終焉や、コロナ禍の中でのアベノマスク、東京五輪の強行開催、反ワクチンにまつわる様々な陰謀論など、分断の火種があちこちに焦げ跡を残していた。こうして本稿のまとめに入っている間にも、ロシアのウクライナ侵攻があり、安倍晋三氏への銃撃事件があり、メディアを見れば旧統一教会と自民党の関係や国葬の是非といったテーマで、やっぱり国民や家族が「割られている」ように感じる。

当初、本書の企画として掲げたのは、「イデオロギーが家族を分断する」ことについて、類似する多くのテーマを全般的に掘り下げ、それぞれの分断ケースに言及していくものだった。41〜42ページで僕が記者さんに送ったメールを一部再掲すると、

父と僕が嫌韓というイデオロギーで分断されたことについて、同じことが極左的思考や新興宗教、エセ科学的健康ビジネスなど、あらゆるところで起きていると感じています。

福島第一原発の事故後、「東京は住めない」として子連れ避難されたお母さん（編集部注：妻）と夫とか、世の中の事象すべてが安倍批判につながってしまう連れ合いに苦しむ夫婦や（僕自身も全部安倍のせいにしたい安倍のせいズムみたいになっていて言葉を控える日々です）、時代情勢を鑑みないほとんど宗教的な護憲やスピリチュアルにハマる女子と冷え冷えする彼氏や。もうあらゆるシーンで尖ったイデオロギーは家族やパートナ

ーシップを分断します。

そう。当初の企画は、こうした分断全般について論じる本を書くつもりだったのだ。けれど、父についての検証を進めるほどに、企画意図はブレた。その理由は、ここまでお読みくださった読者にはおわかりかと思う。

なぜなら、父を失った際に僕が感じたのは「父と僕は醜いイデオロギーによって分断されてしまった」という強い被害感情のようなものだったが、実際長い時間をかけて検証して見えてきたのは、その分断の半分もしくは半分以上が、僕自身の中に抱える「ネット右翼的なもの」や「弱者やジェンダーに対する無配慮で攻撃的な発言」に対する嫌悪感と、激しいアレルギーが原因だったから。つまり、分断を作り出したのは、半ば僕自身だったからだ。

さらに父自身も、ヘイトワードを使いはしたものの、既に結論付けたように、決して僕が考えるような思考の硬直化した、「価値観の定食メニュー化の進んだ」ネット右翼ではなかった。

そして煩悶の結果、世の中に様々な分断がある中で、「ネット右翼になった父」のような政治的イデオロギーによる分断は、むしろ「解消可能なものに分類できる分断だ」と結論付けるに至った。

解消不可能な分断と、可能な分断。

両者の最大の違いは、そもそものイデオロギー信奉者とそうでない者が、「生活空間を共有することが可能か」という点だ。

例えばカルトな宗教や放射能恐怖症等々の中には、同じものを食べられない、住環境どころか呼吸する大気や、世の中のあらゆる事象についての感じ方レベルから共有できないといった、解消困難な分断が生じることがある。

コロナ禍で起きたワクチンフォビア（ワクチン恐怖症）もそれに近いだろう。そうしたケースで分断を解消するには、「脱洗脳」という非常に困難なプロセスを挟まねばならない。

だが一方で、政治的イデオロギーだとか経済観・歴史観・国家観といった「価値観の相違」ごときは、居住空間を共有できなくなるほどの分断とは思えないのだ。

もちろん、差別的な発言や加害が家族やパートナーに激しく直接向け続けられるものであるならば、そもそもその家族やパートナーシップは解散してしまった方が健全だと思う。けれど、そうでない限り、様々なプロセスを踏むことで徐々に日常的なコミュニケーションを取り戻すことが可能なはずと思うのだ。

僕自身は結局、解消可能な分断を、分断のままに放置して、父を嫌悪の対象のままで看取ってしまった。忸怩たる思いという言葉ではとうてい言い表せない、深い喪失感と自戒の中に、僕はいる。

けれど、僕の寄稿に共感を寄せてくださった方々や、今も家族やパートナー等との関係に苦しんでいる方々に、同じ轍《てつ》は踏んでほしくない。

取り返しのつかない僕の失敗を再現しないためには、どんなことが考えられるだろうか。

認知バイアスをあぶり出すための「自己診断」

まず手始めに一つ目のプロセスは、自分自身の中にある「ネット右翼」の像を、見直すための「自己診断」だ。

僕が自身の中に僕なりの「醜いネット右翼像」を盛大に育て上げて、誤認を深めていたことは、前述の通り。それは父がネット右翼的コンテンツを消費する中で「架空のバッシング対象」を作り上げたのと何ら変わらぬ、作られた認知バイアス（経験や直観から得た先入観によって、物事の判断が非合理的にゆがめられること）だった。

振り返ると、僕自身に認知バイアスが生まれた最初の契機は、152ページに書いたように、保守系のキュレーションサイトに性暴力を肯定するようなコミックなどの不快広告が並んだことだったと思う。

そしてその後、社会的弱者を罵ったり性暴力表現の規制派を攻撃したり、SNS上のフェミニストに対してフェミサイド的な発言をするアカウントが同時にネット右翼的言動をしているのをたびたび目にする中で、僕の中にはかなり「誇大化された当事者像」が作られていった。

僕の認知バイアスとは、大げさに言えば「ナマポとか平気で口にするやつ＝ネット右翼＝チャイルドポルノコンテンツ消費者」ぐらいの現実離れしたものだったが、それによって僕は過剰に父の発言に対して反応してしまった。

これが、僕自身の自己診断結果だ。

事実として、164〜167ページにあるように、家族の中で父のヘイトスラングにそこまで激しい拒否反応を示したのは、そうした認知バイアスを抱えている僕だけだった。

確かに僕たちの世代（加えて僕の育った環境や、学び取ったもの）には、大きな認知バイアスがかかっている。児童文学として『かわいそうなぞう』を与えられ、学校の体育館で『はだしのゲン』のアニメーションを観て原爆の爆風で人の目玉が体外に飛び出る残酷を知り、ベトナム戦争で枯葉剤の被害を受けて生まれたとされる結合双生児のニュースに胸を痛めながら育った。

空気のように反戦教育を受け、保守の言う「自虐史観」を中心に近現代史を学び、少なくとも僕自身にとってはリベラルであることは当然の正義だった。にもかかわらず、こうして改めて振り返るまで僕は保守の基準すら学んでこなかったわけで、僕などはネット右翼の卑下する「パヨク（サヨクの蔑称・ハンパな左翼）」の最たるものだと思う。

そんな中で塗り固めたバイアスがあったからこそ、僕は父の口にするヘイトスラングに過剰反応し、父の中にありもしない「あらゆる多様性を排除する攻撃的なネット右翼像」を立ち上げるところにまで行きついてしまったわけだ。いわば僕は、ネット右翼大嫌いレンズを通して、醜くゆがんだ化け物のような父を見たが、そのレンズをスッと横にずらせば、そこにはお茶の間のソファで孤独に横たわる父が、偏屈で不器用だけど愛らしいところもある僕の父がいたのだ。

では具体的に、自身の中にある認知バイアスをあぶり出すための自己診断はどのように行えばよいのか？

僕自身は指針もなく挑んだためにずいぶん右往左往したが、作業を順にまとめると、こんなものだったと思う。

①自分がネット右翼にはどんな主張があると考えているかを書き出す
②自分がネット右翼に対して、具体的にどんな人物像を抱いているかを書き出す
③自身の思うネット右翼像と、調査資料などで規定されるネット右翼像を比較する
④ネット右翼のどのような言説に対して、いちばん自分が拒絶や憎しみの感情を抱えているのかを切り出す

もちろん、ネット右翼の部分を他のイデオロギーに置き換えてもいい。ポイントは、あくまで主体が「自分」であること。これらは自分自身が、そのイデオロギーをどのように想定し、どのように捉えているのかの、あぶり出し作業だ。

人は怒りや嫌悪感に駆られている状況では正常な判断を失いがちだが、こうした思考作業は、「まずは我を取り戻す」ために必要なプロセスとなる。

自分はネット右翼の何がいちばん嫌いで拒否反応を示すのか？　それは中韓へのヘイトなのか、再分配より経済成長優先の政策なのか、弱者への自己責任論なのか、再武装論なのか、故安倍氏への妄信発言なのか、日本の伝統的文化や家族像への回帰や道徳教育の強化といった民族主義や宗教保守に根ざすものなのか……。

掘り下げた結果、僕の場合は社会的弱者への無理解に加え、ネット右翼の中に一部含まれるミソジニスト（女性蔑視主義者）への怒りや憎しみ・嫌悪感が強調されて「誇大な像」を結んだケースだったと結論付けたが、それこそ僕以外のネット右翼批判者の発言を見聞きすると、「アンチネット右翼」もまた一様でなく、決してフラットでないことがわかる。

僕には「ネット右翼はフェミサイドで女性差別論者だ」というミサンドリー（男性嫌悪）のバイアスが強くかかっていたが、「自民支持であるだけで改憲&再武装・核武装容認派」みたいな行き過ぎた護憲バイアスがかかっている人もいれば、「日本会議陰謀論」みたいな感じで保守勢力の持つ権力や既得権を過大評価したりカルト宗教視したりしている陰謀バイアスもあるし、原発再稼働支持を口にしただけでネトウヨ扱いのラジオフォビア（放射能恐怖症）のバイアスだってある。ネット右翼サイドが嘲弄の対象とする「アベノセイダーズ」「アベガー」（あらゆる社会的な問題の根底に安倍晋三を想起する認知バイアス）もそれだ。

たぶん、研究家でもない限り、その像は人それぞれに偏りを持っているはずだと思う。ということでまずは、自身の中に、相手が毒されていると思う思想に対して過剰な思い込みや「架空の像」を勝手に膨らませてはいないかを確認・自己診断すること。

これが最初のプロセスだと思う。検討項目としては、89ページ以降の設問が使えるだろう。

「触れているか」「染まっているか」を見極める

また、この自己診断の作業にもう一つ加えた方がいいと思う着眼点は、たとえ分断を感じる家族が偏ったコンテンツに触れているとしても、「触れている」と「染まっている」は別物であるということ。それを意図的に切り分けて考えるという視点と、ひと手間の思考プロセスだ。

僕の中では、父の枕もとに「月刊Hanada」があった時点でなかば「アウトだ」と感じたし、目の前でYouTubeのヘイトなテキスト動画を再生したところで、もう完全に有罪（＝ネット右翼）という認識だったが、実際にはその判断は全くもって早計だった。

実はこの視点は、僕自身の価値観形成過程を振り返る中で、明らかになったことだ。というのも、僕自身、イデオロギー自認はリベラル寄りの中道だが、振り返れば実は保守的だったりネット右翼的だったりするコンテンツについても、結構摂取していたことに気づいたのだ。

例えば卑近な話では、2021年1月6日、トランプ大統領の演説とその後の支持者による連邦議会議事堂乱入の際、僕は実況中継をする極右フリージャーナリストのYouTube番組に、深夜のベッドの中でかじりついていた。

このフリージャーナリストの番組は、日頃はとうてい目にする気にもなれない、絵に描いたような差別的で攻撃的なネット右翼的コンテンツなのだが、リベラルなジャーナリストでこの番組より現場に密着した者が他にいなかったのだ。

同様に、東日本大震災後には、放射性物質の飛散や影響について日々科学的エビデンスを提供する技術者の投稿を追ったが、その人物はかなり右傾した発言を他でやっていたし、SNSでは僕が根拠なくネット右翼と紐づけていた「萌え絵アイコン」を使用している人物でもあった。

鳩山由紀夫民主党政権の際には、氏が自身の辺野古発言（県外移設が最低条件とマニフェストでぶち上げた）についてどのように尻ぬぐいをするのかを追いたくて、典型的なネット右翼のブログから情報収集していた記憶がある（そのサイトが最も密着性と速報性に優れているように感じたからである）。

というわけで、どれもこれも、僕がそれぞれのコンテンツに触れた理由は、「そこに書かれていることに同調しているから」では全くなく、欲しい情報を取得するのにそれらが便利だったからだ。

けれど、僕はたぶん、父のYouTubeの閲覧履歴に僕が視聴したのと同じ極右ジャーナリストのチャンネルがあったら、「やはりこんなトンデモ陰謀論者にまで同調していたのか」とため息をついたに違いない。

ただ興味本位で視聴しただけだったとしても、むしろ僕のように「全く逆サイドの情報を得たくて」閲覧したに過ぎなかったとしても、残るのは閲覧履歴のみ。その履歴だけでは、どんなモチベーションでそのコンテンツに触れたのかは、わからないものなのだ。自らの事例からも、つくづくそのことを感じる。

ということで、これが「触れているか」「染まっているか」を見極めようとする視点。改めて、明確に意識を持って、かつ感情的にではなく冷静に、切り分けるプロセスが必要だと提案したい。

僕の父は「触れていた」が、「全面的に染まっていたわけではない」ケースだ。父はそうしたコンテンツに触れ続ける中で、特定のスラングを日常で使うようにまでなってしまっていたから「見極め」はそれなりに難しかったが、父がネット右翼的なコンテンツに触れるモチベーションに、僕同様の「だって面白いから」「その一部に欲しい情報があるから」が含まれていたのは間違いない。つまり、そうしたコンテンツに触れていることと「価値観が丸っとそっちの世界に染まって多様性を失っていること」とは、全くイコールで結びつくものではなかった。

問題を俯瞰すれば、これはいわば、父と僕の双方にネットリテラシーが足りていいなかったゆえに起きたことといってもよい。

父が欠いていたリテラシーは、ネット上で触れたコンテンツに使われるスラングを「他者がどう感じるか」「どのような意味で使われているのか」「誰かを傷つける言葉でないか」の吟味なく使ってはならないというもの。

一方で僕に欠けていたリテラシーは、相手がそうしたコンテンツを閲覧していたり、スラングを使っていたりしても、短絡的に「その思想にどっぷり染まっている」と決めつけてはならないというもの。

そう考えれば、本書に書いてきた僕の言葉や思考の中にも、父同様のリテラシー違反が十分含まれている。

おそらくこれは、父と僕の間に起こったような無用な分断、架空の、作られた分断の主因になりうるポイントであり、現代の様々なネット起因の分断の根底にあるものかもしれない。

「触れている＝染まっている」、これもまた、僕の中にあった大きな誤認であり、認知バイアスだったわけだ。

相手が「ネット右翼化した」と感じられる言動を精査

さて、自己診断はここまで。

次のプロセスはいよいよ「ネット右翼化した」と感じられる相手の言動を、精査する作業だ。

はじめにその流れを簡単に書き出すと、こんな感じになると思う。

①相手の偏って感じる言動全体にモヤッとした嫌悪感を抱くことで済ませるのではなく、実際に相手がどんな言動をし、どんなスラングを口にしたのかをきちんと書き出し、その発言がどのようなシーンで出たのか、前後の文脈をきっちりとモニタリングする

②抽出したその発言が、ネット右翼的思想のどんな部分に該当しているのか、していないのかの確認をする

③自己診断で明らかにした「誇大化したネット右翼像」やアレルギー反応を起こす案件と相手の発言のどこが合致し、自身の心を乱したのかを改めて確認する

④一見して一つの価値観を示すように見える言説について、その底にどんな価値観や心情があるのかを洗い出して、確認する

⑤個別の価値観や心情について、相手が「そこに共感する理由・その言説を引用する理由」を細かく切り分けて検証する

全5段階。書き出してみて改めて、これはかなり面倒な作業になるとは思う。が、これらのプロセスを踏むことによって得られるものは、非常に重要な気づきだ。

まず①と②の作業では、相手が「この点では保守的」「この点ではリベラル」「この点ではテーマそのものを問題視もしていない」といったように、個々の言説についてどのように感じているのかの確認をするわけだが、それによって得られるのは、相手が「思想の定食メニュー化」を来しているか＝多様性を失ってしまっているかどうかの判断だ。

そのうえで、次の③。先に検証した自身の認知バイアスと相手の言動を比較する作業により、「相手に対する嫌悪感情の根源が、相手の発言だけではなく自分の側にもある」と改めて気づくこと（僕の場合はミソジニストに対する激しいアレルギーがそれ）。この作

業のメリットは、相手に対する怒りや憤りや失望感などが一気に減衰し、冷静に検証に向かうメンタルを得ることができる点だ。

正直、僕の「フェミサイド的なネット右翼への嫌悪」や「商業右翼コンテンツへの嫌悪」はものすごく激しいものがあり、冷静な検証を行うにはまず「僕の中に火事」があることを認識し、鎮火させる必要があった。③のプロセスはこの鎮火作業だ。

さらに一歩踏み込んだ④と⑤の作業＝一見一つに見える価値観の根底にどんな思考が絡んでいて、相手はそのどこに共感しているのかの検証。この最終プロセスによって、相手の価値観にようやくジャッジが付けられる。

例えば、僕にとって父の残念発言の中でも耐え難かったものの一つである「シングルマザーの自己責任論」について。切り分けていく中で改めて驚いたのは、「シングルマザーの問題は自己責任だ」という一見して単一の価値観に見えそうな言説の背後に、思いのほかたくさんの「その言動に至る理由」が見つかったということだった。

・家族を国家の最小単位とし、伝統的家族観の回帰を目指す24条改憲案への賛同

・伝統的家族や伝統的ジェンダー観の破壊を脅威とみなすいくつかの宗教への傾倒（旧

統一教会だとかキリスト教福音派だとか）

・福祉資源にどれだけ費用を割けるか、国家財政面での脅威（保守的経済思考）

・結婚も離婚も女性の自由ではなかった時代の世代的価値観

・自分たちは我慢してきたのに、という羨望

・激変するジェンダー観や母親像についていけない「年代問題」（価値観の高齢化・硬直化）

・コンテンツ上で表現される架空の「批判されてもやむを得ない自己責任的シングルマザー」への批判感情

と、ざっと書き出しただけでもこれだけのポイントがある。今こうして、自分で記していても、思わず「こんなにもあるのか！」と驚いてしまった。

僕のケースでは、こうした項目の一つひとつを父の言動や価値観と比較していくことによって、父のケースは単に「年代の問題と世代の問題を背景に、保守メディアの表現する架空のシングルマザー像への批判を口にしたものに過ぎなかった」のだと、その根底を探り当てることができた。

だが、こうして切り分けて検証する前は、父のシングルマザー批判の裏に「経済的再分配へのアンチ」とか「伝統的家族への回帰を標榜する憲法24条改憲マター」といったモロに保守的な価値観があるのではと、混乱してしまっていたわけだ。

そして何より、この検証で得られたのは「アレルギー反応の鎮静」だ。父が保守論壇の掲げるような伝統的家族観への回帰願望への同調からこれらの発言をしたわけではないとわかった時点で、僕が平常心を失う主因である「女性差別主義者に対するアレルギー」は一気に落ち着いた。もちろん、父の言葉や使うスラングによって傷つけられる当事者にとって、その発言をした父は決して免罪されないと思う。けれどその背景がクリアになったことで、あくまで僕自身の中では、父を許せないという気持ちや嫌悪感は霧消した。

これは他のほとんどのテーマについても、同様だ。

僕は父の口から生活保護受給者への自己責任論を伴う「ナマポ」という言葉が出たことに、正直目の前が白くなるレベルで激高し、心を閉ざした。けれど検証を経て、そもそも父たちが生き抜いてきた時代のこと、父が所属する社会的階層の中で父がリアルな当事者に接したことがないことや、価値観のアップデートが難しくなる「年代問題」などが父の中にあったことを考えれば、今はそこまで過剰反応しなくてもよかったのではないかと感じる。

中韓へのヘイトの背後にあったと思われるパン・アジア思想（欧米の植民地主義や覇権主義への反感やアジアへの共感）に至っては、検証を重ねる中で、むしろ近しい感情が僕の中にもあることに気づいた。ヘイトワードを使うことの是非や歴史認識の是非は別の話として、反日感情を政治や権力維持の道具とすることを憚《はばか》らない中韓の政体については、僕の中にも違和感が十分にある。であれば、その共感する点を話せばよかっただけのことと思うのだ。

僕自身はあくまで我が父の言動にかかわるテーマしか検証していないが、その他の「典型的な保守寄り・ネット右翼的発言」においても、それは単一の価値観に見えて、実際には背景に複数の事情が存在する可能性があることを、改めて強調したい。

冷静に冷静に、頭に血を上らせず、一方的な思い込みを捨てて、自身への内省込みで多角的に検証を重ねて……。

こうして振り返ると、やはり改めて、分断は回避可能だと思うのだ。

父が何か一色に染まっているわけではなかったように、僕も何か一色に染まり切ってはいない。分断は不要だった。そして解消可能だった。

最後に、相手と自分の「共通点」の検証を

もうお気づきかとは思うが、実はここでお勧めした検証プロセスは、前章まで書いてきた僕自身の検証プロセスとは順序が逆になっている。僕の場合は、まず父の言動の切り出しから始め、その後に自分の中のアレルゲンの確認へと進んだが、ここでは敢えて逆順で自身の中の確認作業から始めることとした。これにもまた、理由がある。

それは、自身に認知バイアスがかかっていることに気づかないまま相手の言動を切り出すと、単に混乱の助長や、相手への嫌悪感の再確認とか増幅だけで終わりかねないから。この順番は、結構大事じゃないかと思う。

そして、こうした検証プロセスを終えた後に、ぜひやってほしいと思う最後のプロセスがある。

それは、

・相手と自分に共通する価値観の洗い出し
・価値観というほど大げさでなくても、共通する性格や、共通する嗜好の洗い出し

である。

僕自身も、イデオロギー的なものとはかかわりのない部分での父を振り返り、自らと比較してみた。

「大勢に迎合せず」「硬直化した価値観には疑義を」は家訓のようなものでもあったから父と僕に共通するのは当たり前（僕の場合は刷り込み）だったが、父が「左翼的なものが全部嫌い」なのも僕が「ネット右翼的なものが全部嫌い」なのも、よくよく振り返れば原動力となる価値観は同じところに根差していたことに、僕は思いがけず「血の濃さ」を感じることとなった。

日本酒が好きなのも、和食の中でも青魚が好きなのも、古い街並みや昭和の隘路が好きなのも、「勝者の歴史」である城郭・城址などより地域の風俗史が見える鄙《ひな》びた神社が好きなのも、父と僕の大きな共通点である。そして、そのほとんどは特に父から教わったことではない。

発展した都市部の夜景より青空の下の田園風景を好むのも、道端に咲く野花が好きなのも、音楽のメロディやリズムに過集中する傾向も共通だ。

父が逝った後、残されたガラケーの写真フォルダには、ハナニラやハルジオンといった草花の画像が並んでいた。僕のスマホの中身と比較したら、同一人物のフォルダと思われるほど、父はレンズの向こうに僕と同じ景色を見ていた。

対立する価値観ではなく、共感の持てるポイントを探していくと、さすがは親子で腐るほどあることに驚いた。

こうした「共通点」の検証と、思い起こしによって得られるのは、その部分に視線を集中させれば、相手に話しかけたかったこと、尋ねたいこと、教わりたいことなど、コミュニケーションの糸口が次々と胸に湧き上がってくることだ。

今の僕には、父が元気だったときに一緒に食べたかったもの、一緒に飲みたかった酒、一緒に訪れたかった街が、とりとめもなく脳裏に浮かんでくる。

父の生前には「ふたりきりでいると何を話したらいいかわからない」「できたら隣に居たくない」と思っていたのが、嘘みたいだと思う。

そして正直、2年半かけてこの境地に至って、僕はまだ対峙すべき「ネット右翼的な父」がご存命の読者が、羨ましく思われる。

まだ生きていることが、まだ分断を解消できる可能性が残されていることが、羨ましくてならないのだ。

「どうしても好きになれなかった、けれど大事な人だった」

アンビバレンツな感情と、嫌悪感と罪悪感をもって送り出した父に、今は語りかけたい言葉が溢れんばかりにある。

あまりにも遅きに失したけれど、こんなにも遠大なプロセスを踏まなければここに至ることができなかった自分がつくづく情けないとも思うけれど、僕はようやく等身大の愛すべき個人として、父を捉え直すことができた。

分断の解消は相手が生きているうちに

みんなが言う。

「父親と正面から腹を割って話ができない。何か溝があって話せない」

「帰省したら父がネット右翼だった」といったケースほどでないにしても、父親とコミュニケーションが取れない、何を話せばいいのかわからないといった問題は、アラフォー世代、アラフィフ世代に普遍的なものだろう。本書の発端となった寄稿に対しても、そうしたレスポンスが複数見られた。

けれど改めて、分断の解消は可能だ。そして、解消できるうちに、相手が生きているうちに解消した方がいい。

総括すれば、様々な分断の主因は、「相手の等身大の像を見失うこと」であり、その溝を埋めるのは、相手の等身大の像を取り戻す、改めて見直すことだと思う。

それこそ、生まれてから30年、40年、50年と積み重ねる中でできあがった父親との関係性を作り直すのは、決して容易なことではないと思うが、もし愛すべき等身大の父親像に見直すことができたなら、それは家族というコミュニティの救いになる。

今、世界は、間違いなく様々なイデオロギーや、主義主張、価値観による分断の只中にある。けれど、そんなもので家族の等身大の像を見失うなんてことは、糞くらえだと思う。むしろ父が多少ネット右翼的だったとして、それがどうだというのだ。繰り返すが、糞くらえだし、くだらない。そんなもので、家族が分断してしまうことが、本当にくだらない。

狭い視点で見ればどれほど信じがたい主張や価値観を持っている相手だったとしても、その隣には自分と全く同じものを味わい、愛《め》で、美しいと思う感性が共存し得る。

人として相手に見るべきは、評価基準とすべきは、まさにそうした共有できる感性の部分だろう。本来その感性の共有率が高いのが、家族という集団なはずだ。

どうしてこうした検証を、父の生前に試みることができなかったのか。どうして、どうして……。やはり悔やむ気持ちは尽きない。

手遅れだ手遅れだと悔やみ、ああしたらよかったこうしたらよかったと一人相撲を取り続ける僕に、姉は言った。

「苦しい作業を通して大介は、この世には既にいない父親と、等身大の父親と邂逅《かいこう》した。それが父の死後であろうと、決して手遅れなんてことはない。たとえ死後であってもそれを許してくれる、その気持ちに応えてくれるのが、親だと思う」

その言葉を思い返すたび、涙が止まらなくなる。

本当にそうなのだろうかと思いつつも、愛すべき純朴な父を想い出し、看取った後まで僕を苛《さいな》んだ嫌悪感は、確かに今、跡形もなく消えて、温かい気持ちだけが残っている。

無神論者であの世など存在しないと思う僕だが、もし父ともう一度邂逅できたなら、鶏がら醤油スープにメンマとナルトと貧相なチャーシューののったラーメンを、向かい合ってすすりたいと願う。

遺影を前に、語りかけたい言葉が多すぎて、逆に言葉に詰まる。
おとん、本当にごめんなさい。そして本当におとん、ありがとうね。

２０２２年３月24日（父の逝去より２年10ヵ月）

鈴木大介

N.D.C. 367　245p　18cm
ISBN978-4-06-530889-9

講談社現代新書　2691

ネット右翼《うよく》になった父《ちち》

二〇二三年一月二〇日第一刷発行　二〇二四年四月五日第六刷発行

著　者　鈴木大介《すずきだいすけ》

発行者　森田浩章

発行所　株式会社講談社
東京都文京区音羽二丁目一二―二一　郵便番号一一二―八〇〇一

電　話　〇三―五三九五―三五二一　編集（現代新書）
〇三―五三九五―四四一五　販売
〇三―五三九五―三六一五　業務

装幀者　中島英樹／中島デザイン

印刷所　株式会社ＫＰＳプロダクツ

製本所　株式会社国宝社

定価はカバーに表示してあります　Printed in Japan

「講談社現代新書」の刊行にあたって

教養は万人が身をもって養い創造すべきものであって、一部の専門家の占有物として、ただ一方的に人々の手もとに配布され伝達されうるものではありません。

しかし、不幸にしてわが国の現状では、教養の重要な養いとなるべき書物は、ほとんど講壇からの天下りや単なる解説に終始し、知識技術を真剣に希求する青少年・学生・一般民衆の根本的な疑問や興味は、けっして十分に答えられ、解きほぐされ、手引きされることがありません。万人の内奥から発した真正の教養への芽ばえが、こうして放置され、むなしく滅びさる運命にゆだねられているのです。

このことは、中・高校だけで教育をおわる人々の成長をはばんでいるだけでなく、大学に進んだり、インテリと目されたりする人々の精神力の健康さえもむしばみ、わが国の文化の実質をまことに脆弱なものにしています。単なる博識以上の根強い思索力・判断力、および確かな技術にささえられた教養を必要とする日本の将来にとって、これは真剣に憂慮されなければならない事態であるといわなければなりません。

わたしたちの「講談社現代新書」は、この事態の克服を意図して計画されたものです。これによってわたしたちは、講壇からの天下りでもなく、単なる解説書でもない、もっぱら万人の魂に生ずる初発的かつ根本的な問題をとらえ、掘り起こし、手引きし、しかも最新の知識への展望を万人に確立させる書物を、新しく世の中に送り出したいと念願しています。

わたしたちは、創業以来民衆を対象とする啓蒙の仕事に専心してきた講談社にとって、これこそもっともふさわしい課題であり、伝統ある出版社としての義務でもあると考えているのです。

一九六四年四月　野間省一